Lyndal Roper
Der feiste Doktor

HISTORISCHE GEISTESWISSENSCHAFTEN
FRANKFURTER VORTRÄGE

Herausgegeben von
Bernhard Jussen und Susanne Scholz

Band 3

Lyndal Roper

Der feiste Doktor

Luther, sein Körper und seine Biographen

Aus dem Englischen
von Karin Wördemann

WALLSTEIN VERLAG

Lucas Cranach der Ältere, Martin Luther, 1533;
mit Genehmigung des Germanischen Nationalmuseums Nürnberg.

Das vielleicht irritierendste Denkmal der Reformation ist die Doppelstatue von Martin Luther und Philipp Melanchthon auf dem Marktplatz zu Wittenberg. Da stehen sie, ihre Füße sind auf den pompösen Schinkelschen Sockeln fest verschraubt, und können nichts anderes tun, als grimmig unter ihren neugotischen Baldachinen hervorschauen. Melanchthon war eine nachträgliche Idee: Die Statue Luthers wurde 1821 enthüllt und eine Generation später folgte 1865 die Statue Melanchthons, deren monumentaler Entwurf durch die Form der ersten diktiert wurde.[1] Die beiden Reformatoren überragen die Marktstände mit Fleisch und Gemüse wie zwei in Käfige gesperrte Riesen. Doch die Wirkung des Anblicks, wie sie da Seite an Seite stehen, ist trotz der Versuche des 19. Jahrhunderts, den Unterschied einzuebnen, verheerend: Der beleibte Luther gegenüber dem ausgemergelten Melanchthon. Auf den zeitgenössischen Porträts von Heinrich Aldegrever und aus der Werkstatt Cranachs ist es noch schlimmer: Luther und Melanchthon bilden ein Pärchen wie Laurel und Hardy.[2]

Dieses Dilemma führt uns mitten hinein in das Darstellungsproblem: Luther war korpulent. Heilige und fromme Kleriker hatten im Großen und Ganzen eher die Gestalt Melanchthons, ihre Magerkeit unterstrich ihre Gleichgültigkeit gegenüber den Versuchungen des Fleisches. In der Geschichte des Christentums im Westen gab es, Thomas von Aquin einmal ausgenommen, wenige spirituell bedeutende Figuren, die korpulent waren. Schon auf dem Ge-

1 Die Statue selbst ist von Johann Schadow. Siehe Fritz Bellmann, Marie-Luise Harksen und Roland Werner (Hg.), Die Denkmale der Lutherstadt Wittenberg, Weimar 1979, S. 47f., S. 178f.

2 Besonders in den Jahren 1532-1533 wurde eine Reihe von Doppelporträts mit Luther und Melanchthon in Auftrag gegeben; sie sollten den Eindruck einer geeinten Front schaffen. Siehe Harald Marx und Ingrid Mössinger: Cranach. Mit einem Bestandskatalog der Gemälde in den Staatlichen Kunstsammlungen Dresden, Köln 2005, S. 474-479.

mälde von Lucas Cranach dem Älteren mit dem massigen Luther aus dem Jahr 1529 bis hin zum Kopf Luthers mit Hängebacken und Doppelkinn, der uns aus dem ikonischen Holzschnitt von Lucas Cranach dem Jüngeren von 1546 anblickt, war Luther breit und füllig.[3] Etwa nach 1530 war sein Körperumfang für sein Bild so wesentlich, dass er selbst dann, wenn wir nur seine Büste sehen, an seinen breiten Schultern und seinem fleischigen Gesicht sofort erkennbar ist.

In den letzten Jahrzehnten hat es eine Flut von Arbeiten über den Körper gegeben, da man versuchte, die Agenda der historischen Genderforschung auszuweiten, um herauszufinden, ob auch noch die Erfahrung der Verkörperung selbst durch die Kultur konstruiert sein könnte. Ein großer Teil dieser Arbeiten hat sich auf Bilder in Literatur und Kunst konzentriert. Eine andere Herangehensweise an die Darstellungen von Luthers Körper kann jedoch interessante Einsichten abwerfen. Jüngere historische Texte, die unter anderem von Joan Scott und von Judith Butler beeinflusst sind, orientierten sich stark an der Idee, dass der Körper durch verbale und visuelle Diskurse konstruiert wird.[4] Selbst diejenigen Geschichtswissenschaftler, die

3 Es gibt eine große Anzahl von Luther-Porträts, aber es existiert kein vollständiger Katalog von Cranachs Werken, in dem eine komplette Liste dieser Porträts enthalten ist. Einige repräsentative Beispiele schließen jene von 1528 (Schlossmuseum Weimar), 1532 (Staatl. Kunstsammlungen Dresden), 1540 (Lutherhalle G 70), 1541 (Lutherhalle G 72) und 1543 (private Sammlung) ein; viele davon sind Hälften von Doppelporträts mit Melanchthon oder mit Katharina von Bora. Zu den Letzteren siehe Lyndal Roper, Venus in Wittenberg: Cranach, Luther, and Sensuality, in: Marjorie Plummer u. Robin Barnes (Hg.), Ideas and Cultural Margins in Early Modern Germany: Essays in Honor of H.C.Erik Midelfort, Farnham 2009, S. 81-98.

4 Siehe Judith Butler, Körper von Gewicht. Die diskursiven Grenzen des Geschlechts, Berlin 1995; Butler, Das Unbehagen der Geschlechter, Frankfurt a.M. 1991; Joan Scott, Gender and the Politics of History,

1) Heinrich Aldegrever, Melanchthon und Luther, 1540, Stich. Reproduktion mit Erlaubnis der Lutherhalle Wittenberg.

sich auf psychoanalytische Werke stützen, konzentrierten sich oft mehr auf das Analysieren von Diskursen als auf die Erforschung der Subjektivität.[5] Körper sind aber nicht nur kulturelle Konstruktionen, sondern existieren als physische Realitäten. Die Frage, die hier untersucht wird, ist nicht nur, warum Luther als dick *abgebildet* wurde, ein Unternehmen, das sich auf die Techniken der Diskursanalyse stützt, wie sie von den Wissenschaftlern des New Historicism in aller Subtilität entwickelt wurde, sondern auch die Frage, wie seine Körperlichkeit – seine Massigkeit, seine Verdauung, seine Analität – mit seinem Charakter, seinen Ansichten über den Teufel und der allmählich entstehenden Identität des Luthertums zusammenhing. Manche Leser könnten meinen, dies sei philosophisch naiv: Die Luther-Bildnisse sind eine Sache, die Realität eine ganz andere. Doch Luther ließ die Menschen um ihn herum gewiss nicht im Zweifel über die Materialität seines

New York 1988; siehe auch die Artikel von Joan Scott u. a. im AHR Forum: Revisiting »Gender: A Useful Category of Historical Analysis«, in: American Historical Review, 113, Nr. 5 (Dez. 2008), S. 1344-1430.

5 Siehe z. B. Carla Mazzio (Hg.), Historicism, Psychoanalysis, and Early Modern Culture, London 2000.

Körpers. Wenn er zum Beispiel während seines Aufenthalts auf der Wartburg an seinen Freund Georg Spalatin schrieb, um ihn abwechselnd nach Abführmitteln zu fragen und ihm seine Manuskripte anzuvertrauen, oder wenn er in einigen seiner allerletzten Briefe an seine Frau seine Unfähigkeit beschrieb, beim Anblick von Prostituierten geschlechtliche Erregung zu verspüren, und für diese Schwäche die Juden verantwortlich machte, sehen wir ein Individuum ohne jede moderne Prüderie gegenüber physischen Vorgängen.[6] Hier äußert sich ein Mann, dessen Körper für seine Persönlichkeit wesentlich war. Das Materielle und das Kulturelle sollten deshalb im Hinblick auf Luther gemeinsam berücksichtigt werden, weil das augenscheinlich visuelle »Problem« seines großen, rustikalen Körpers perfekt die Körperlichkeit vermittelte, die sowohl für seinen Charakter als auch für die symbolische Welt des frühen Luthertums von zentraler Bedeutung war.

Aber warum wurden diese Darstellungen derart ikonisch? In den nach und nach entstehenden Biographien des Reformators wurde dieselbe starke Gegenwart vermittelt – vor allem in Luthers *Tischreden*, dem protestantischen Klassiker, der seine Verehrung geradezu verkörpert, dem Buch, das so viel dafür tat, den robusten, volkstümlichen

6 D. Martin Luthers Werke: Kritische Gesamtausgabe, Weimar 1883 (nachfolgend zitiert als WA), Briefwechsel (nachfolgend zitiert als WA Br), insbesondere in seinen Briefen an Spalatin, Bd. 2, S. 354f., Zeilen 22-28, vom 10. Juni 1521; S. 364f., Zeilen 4-9, 15. Juli 1521; S. 368f., Zeilen 24-34, 31. Juli 1521; S. 377-379, Zeilen 17-21, 6. Aug. 1521; S. 387-390, Zeilen 27-35, 9. Sept. 1521; S. 394-396, Zeilen 5-8, 7. Okt. 1521; Briefe an Katharina von Bora, WA Br 11, S. 275-277, Zeilen 4-15, 1. Febr. 1546; und siehe auch S. 286-288, Zeilen 13-38, 7. Februar 1546. Zu einer brillanten Erörterung von Luthers Männlichkeit siehe Susan Karant-Nunn, »Fast wäre mir ein weibliches Gemüt verblieben«: Martin Luthers Männlichkeit, in: Hans Medick u. Peter Schmidt (Hg.), Luther zwischen den Kulturen, Göttingen 2004, S. 49-65.

2) Lucas Cranach der Jüngere, Martin Luther (1483-1546) und Philipp Melanchthon (1497-1560), 1558; Wiedergabe mit Genehmigung des North Carolina Museum of Art, Raleigh, Schenkung der Samuel H. Kress Foundation.

Luther auch für jene lebendig zu machen, die dem Mann niemals begegnet waren. Was die Bedeutung des Teufels für ihn anging, so ließ es dem Leser nicht den geringsten Zweifel. Luthers Sicht des Satans ist jedoch sowohl mit dem Materiellen als auch mit dem Humor eng verbunden. Unser Cartesianisches Erbe mit seiner Trennung von Geist und Körper macht es uns schwer zu verstehen, mit welcher Leichtigkeit Luther das Geistige im Somatischen sehen konnte oder wie sein Körper die lutherische Identität für eine ganze Kirche so überzeugend vermittelt haben konnte. Dieses Erbe macht es uns sogar nicht ganz einfach, den Witz zu erfassen. Luther benutzte verdauungsbezogene Metaphern, um einige seiner tiefsten Einsichten zu vermitteln, seine Vorstellungen vom Guten und Bösen eingeschlossen, und er hatte, zum Teil wegen der Krankheiten, an denen er zeit seines Lebens litt, ein intuitives Verständnis für die Verbindung von kreativen und körperlichen Vorgängen. Jede Darstellung des Reformators, die der Bedeutung seines Körpers – oder der Rolle des Teufels in seinem Denken – gerecht werden will, muss mit seiner exkrementalen Rhetorik zurechtkommen, die er regelmäßig gegen diejenigen einsetzte, die er für Abgesandte des Satans hielt. Es handelt sich um einen Charakterzug, den Historiker oft zu entschuldigen versuchen, anstatt ihn näher zu untersuchen. Seine Psychobiographen hingegen waren fasziniert davon, beeilten sich aber, Tabus des 20. Jahrhunderts darauf anzuwenden und diesen Zug seines Charakters zu pathologisieren, der in der Kultur des 16. Jahrhunderts im Großen und Ganzen keine Abweichung darstellte.[7] Allerdings ist gerade dies ein Teil von Luthers generell kreativer Einstellung zu Körper und Begierden. Das Verständnis seiner Körperlichkeit, im Text wie im Bild, kann uns auch helfen, die wesentlichen Themen seiner Theologie anders einzuschätzen. Für Luther gab es keine trennscharfe Einteilung in Körper und Geist – und es lohnt sich, dies ernst zu nehmen, weil selbst psychoanalytisch beeinflusste Charakterstudien dazu neigen, das Mentale auf Kosten des Physischen zu betonen. Luthers Körper, der in der visuellen Kultur der Lutheraner noch lange nach seinem Tod allgegenwärtig ist, war für den Charakter der religiösen Kultur der Lutheraner von zentraler Bedeutung.

Der korpulente Luther, der in den Bildern ab den 1530er Jahren verbreitet wurde, war eine Neuschöpfung. In den frühen Jahren der Reformation, bevor die berühmten Por-

7 Heiko Obermans Biographie: Luther. Mensch zwischen Gott und Teufel, Berlin 1982, ist eine herausragende Ausnahme, die Luthers Analrhetorik ernsthaft behandelt und ihre mittelalterlichen Wurzeln freilegt; siehe bes. S. 112-116. Luthers Antisemitismus müsste ebenfalls in Verbindung mit seiner Analrhetorik betrachtet werden, ein Thema, das den Rahmen dieses Textes sprengen würde.

träts des ernsten Mönchs von Cranach dem Älteren ihre spätere Dominanz erlangten, gab es eine große Vielfalt von Bildnissen des Reformators, von denen einige heute gar nicht als solche zu erkennen sind, und fast alle von ihnen zeigten ihn dünn.[8] Einige Künstler setzten sogar Tauben und Heiligenscheine ein, um den jungen Luther nach dem vertrauten Muster des göttlich inspirierten Heiligen zu gestalten, und Cranach selbst porträtierte einen hageren, hohlwangigen Luther vor einer Nische, um an die Ikonographie der Heiligen anzuknüpfen. Der leider verstorbene Bob Scribner hat in seinen brillanten Erörterungen dieser Bildsymbolik argumentiert, dass dies lediglich ein weiteres Beispiel dafür sei, in welcher Weise die Reformation Elemente des katholischen Glaubens beibehielt, und zwar speziell hinsichtlich der quasi wundertätigen Kräfte des Reformators, womit man den weitaus älteren Verständnisformen des Heiligen Rechnung trug.[9] Bei ihrer Verwendung visueller Codes, so Scribner, griffen die Lutheraner auf traditio-

8 Siehe den Katalog der Wolfenbütteler Luther-Drucke 1513 bis 1546, http://dbs.hab.de/luther/index.htm, zu einigen repräsentativen Beispielen für das breite Spektrum früher Luther-Darstellungen. Ein Gegenbeispiel zu der allgemeinen Regel, ihn dünn abzubilden, ist eine Radierung von Daniel Hopfer von 1523 oder später, die auf dem Profilporträt von Cranach basiert; Hopfer gibt Luther leicht hängende Kinnbacken.

9 R. W. Scribner, Luther Myth: A Popular Historiography of the Reformer, in: Scribner, Popular Culture and Popular Movements in Reformation Germany, London 1987, S. 301-322; Sribner, Incombustible Luther: The Image of the Reformer in Early Modern Germany, ebenda, S. 323-354; Scribner, For the Sake of Simple Folk: Popular Propaganda for the German Reformation, Cambridge 1981, S. 14-36. Siehe auch Mark U. Edwards, Printing, Propaganda, and Martin Luther, Berkeley, Calif. 1994; und Martin Warnke, Cranachs Luther: Entwürfe für ein Image, Frankfurt a. M. 1984. Hans Baldung Grien und Hieronymus Hopfer schufen beide Bilder von Luther mit einem Heiligenschein und sogar mit der Taube des Heiligen Geistes; Warnke, Cranachs Luther, S. 32 f. Cranach beschränkte sich im Allgemeinen darauf, im Hintergrund eine Nische einzubringen.

nelle Darstellungsweisen zurück, die Luther als einen Heiligen, Wundertätigen und gottesfürchtigen Mann zeigen.

Diese Bilder von Luther datieren allerdings nur aus den frühen 1520er Jahren. Bis zu den 1530ern bildete sich eine ganz andersartige, standardisiertere Ikonographie heraus, welche die lutherische Bildsymbolik durch das gesamte 16. Jahrhundert beherrschte. Wie Besucher des Reichstags zu Augsburg 1530 bemerkten, war Luther fülliger geworden, sodass er nicht mehr das asketische Aussehen jüngerer Jahre besaß, ein Wandel, der sich in den Cranach-Porträts mit ihrem realistischen Stil niederschlug.[10] Von da an brachen die Bilder Luthers entschieden mit den älteren Vorbildern der Heiligen und kreierten einen neuen Typus bildlicher Symbolik für eine religiöse Figur, die einen anderen Zugang zum Fleisch darstellte. Hier handelte es sich um einen Mann mit Frau und Kindern, ein Vorbild für eine Kirche mit verheirateten Geistlichen, deren Theologie das Mönchstum offen angriff. Die veränderte Darstellungsweise, mit der Luther nun abgebildet wurde, war nichts, was seine Freunde oder die Künstler programmatisch formuliert hätten; auch über ihre Implikationen waren sie sich vielleicht nicht ganz im Klaren. Aber ihre Bedeutung ist an den Bildern selbst ablesbar: an dem schieren Ausstoß an Holzschnitten, Ölgemälden und Radierungen, an der liebevollen Aufmerksamkeit für die Einzelheiten seines Gesichts und Körpers und an den häufigen visuellen Gegenüberstellungen, die Luther neben dicken,

10 Luthers Gestalt änderte sich um 1530. Besucher auf der Veste Coburg während des Reichstags zu Augsburg 1530 berichteten, er sei fett; Oberman, Luther, S. 339. Im Jahr 1546 sprach er von sich selbst bekanntlich als dem »feisten Doktor«: »Wenn ich wieder heim gen Wittenberg komm, so will ich mich alsdann in Sarg legen, und den Maden einen feisten Doctor zu essen geben«; WA Tischreden (nachfolgend zitiert als WA Tr), Bd. 6, S. 302, Zeilen 12-14, Nr. 6975. Die Nierensteine, an denen er litt, ließen seinen Körper ebenfalls aufschwemmen.

3) Hans Brosamer, Martin Luther, 1530, gedruckt von Wolfgang Resch, 364×284 mm. Es existiert ein passender Holzschnitt der Katharina von Bora. Aus Max Geisberg und Walter L. Strauss, The German Single-Leaf Woodcut, 1500-1550, 4 Bände, New York 1974, Band 1, S. 391; Wiedergabe mit Genehmigung der Directmedia Publishing Berlin.

mächtigen Herrschern porträtieren oder ihn mit dem dünnen Melanchthon kontrastieren. Und diese Bilder wurden in den Kirchen, zu Hause und in gedruckten Büchern benutzt – kurz gesagt, in allen wichtigen Kontexten der volkstümlichen lutherischen Religiosität.

Die Werkstatt Cranachs befand sich in Wittenberg und die Freundschaft von Cranach dem Älteren mit Luther verschaffte der Reformation eine wichtige Dynamik. Die Werkstatt gab rasch den Ton an, wie der Reformator dargestellt wurde, und zwar sowohl in einer Fülle von Porträts als auch im neuen Medium des Drucks, und mit der laufenden Herstellung der Ikone Luthers schuf sie ein lokales Gewerbe. Die revolutionäre Drucktechnik ermöglichte es, die Bilder berühmter Individuen massenhaft herzustellen, sodass überall verbreitete Holzschnitte zum ersten Mal dafür sorgten, dass die Menschen wussten, wie Karl V. zum Beispiel aussah. Man produzierte Lutherbilder von unterschiedlicher Qualität für jeden Anlass und für jeden Geldbeutel: Luther als Doktor, Prophet oder Mönch; Gemälde mit Luther und Katharina von Bora als das ideale verheiratete Paar; oder Doppelporträts mit Luther und Melanchthon, die dazu gedacht waren, die evangelikale Einheit zwischen den beiden doch recht verschiedenen Reformatoren zu bekunden. So wie die Cranachs, Vater und Sohn, Porträts von Luther in unterschiedlichem Lebensalter entwickelten, beteiligten sie sich auch an dem florierenden Prozess, seine Biographie zu gestalten.[11] Um 1530 wurden auf einem einzelnen Blatt gedruckte Holzschnittporträts des Reformators im Posterstil verkauft, die sein charakteristisches Doppelkinn, den kräftigen Mund, durchdringende, tief sitzende Augen, das fleischige Gesicht und den gedrungenen Nacken zeigten. Der großformatige Holzschnitt von Hans Brosamer, einem Anhänger der Cranachs, wurde zehn Jahre später auf den neuesten Stand gebracht, um den gealterten Reformator abzubilden.[12]

11 Siehe Mark U. Edwards, Jr., Luther as Media Virtuoso and Media Persona, in: Medick u. Schmidt, Luther zwischen den Kulturen, S. 102-118; und Scribner, For the Sake of Simple Folk, S. 14-36.

12 Hans Brosamer, Martin Luther, ca. 1540, 402 × 258 mm, gedruckt von Hans Guldenmund, Nürnberg; Max Geisberg u. Walter L. Strauss,

Die zum Standard gewordene Darstellung Luthers durch die beiden Cranachs verschmolz zwei verschiedene ikonographische Muster zu einer starken und neuartigen Synthese. Die von Cranach dem Älteren stammenden Bilder der Herrscher aus dem Hause Sachsen zeigen diese als wuchtige Figuren mit bulligen Köpfen, deren beeindruckende Stabilität ihre säkulare Macht unterstreicht. Sie stehen aufrecht mit breitbeinig aufgesetzten Füßen, raumgreifend über ihren Herrschaftsgebieten; in den Brustbildern füllen ihre Köpfe und Schultern den visuellen Raum bis zum Bersten. Die Bilder von Luther nutzten dieselben Mittel, um ein Individuum vorzustellen, das eine unangreifbare religiöse Autorität besaß. Mit dem Rückgriff auf Darstellungen von Propheten, des alttestamentlichen Daniel und sogar des Herkules, schufen die Cranachs und ihr Kreis eine religiöse Gestalt, deren Körper physisch imposant war.[13] Und häufig zeigten sie Luther und die sächsischen Kurfürsten zusammen: die Taufe Christi findet so statt, dass Luther und der sächsische Kurfürst jeweils zur Seite abgebildet sind, während bei Cranach dem Jüngeren auf dem Bild von *Wahrer und Falscher Religion* ein massiger Luther von der Kanzel predigt und im Vordergrund ein ebenso stämmig gebauter Johann Friedrich, das Kreuz des Martyriums tragend, seinen Kopf dem Betrachter zu-

The German Single-Leaf Woodcut, 1500-1550, 4 Bände, New York 1974, Bd. 1, S. 393.

13 Siehe Ingrid Kasten, »Was ist Luther? Ist doch die lere nitt meyn«: Die Anfänge des Luther-Mythos im 16. Jahrhundert, in: Václav Bok u. Frank Shaw, Magister et amicus: Festschrift für Kurt Gärtner zum 65. Geburtstag, Wien 2003, S. 899-931. Kasten argumentiert, das von Cranach entwickelte Bild Luthers als Prophet werde zu der entscheidenden Darstellung. Siehe auch Robert Kolb, Martin Luther as Prophet, Teacher, and Hero: Images of the Reformer, 1520-1620, Grand Rapids, Mich. 1999, S. 75-101.

wendet.[14] Andere Bilder verbanden die beiden buchstäblich. Auf einem Holzschnittmotiv, das in seinen gesammelten Werken regelmäßig erschien, knien Luther und der Kurfürst Johann der Beständige zu beiden Seiten des Kreuzes wie zwei riesige Gegengewichte.[15] (Abb. 4)

Der Inbegriff für diesen Stil der Luther-Abbildungen sind die Holzschnitte von Cranach dem Jüngeren mit Ganzporträts aus den Jahren 1546 (Luthers Todesjahr) und 1548, Bilder, die der moderne Betrachter schwer begreiflich finden mag: Der große Körper sitzt fast komisch auf den zarten Füßen. Doch für zeitgenössische Betrachter evozierte diese Kolossalität die starke Präsenz Luthers wahrscheinlich um so eindrucksvoller, weil er nicht mehr unter ihnen weilte. Seine Kleidung weist ihn als Doktor

14 Taufe Christi mit Johann Friedrich von Sachsen und Martin Luther, reproduziert in: Geisberg und Strauss, The German Single-Leaf Woodcut, Bd. 2, S. 615; es datiert von ca. 1548 und zeigt Johann Friedrich von Sachsen und Luther jeweils betend zur Seite. Der Einblattdruck »Unterschied zwischen der waren Religion Christi / vnd falschen Abgöttischen lehr des Antichrists in den fürnemsten Stücken« datiert aus der Zeit nach Johann Friedrichs Niederlage bei Mühlberg nach Mitte 1547; ibid., Bd. 2, S. 619. Siehe zu diesen Bildern und vielen anderen Beispielen, Carl Christensen, Princes and Propaganda: Electoral Saxon Art of the Reformation, Kirksville, Mo., 1992, S. 79-81, 102-110; und zu einem frühen Beispiel siehe auch das Titelblatt von Luthers *Vom Reich Christi: Der CX Psalm*, Wittenberg 1539, das kleine Rundporträts von Luther, dem Kurfürsten Johann Friedrich und Melanchthon am oberen Rand aufweist.

15 Carl Christensen identifiziert diesen Sächsischen Kurfürsten überzeugend als Johann den Beständigen; siehe Christensen, Princes and Propaganda, S. 48-49. Meister MS, Friedrich der Weise, Herzog von Sachsen und Martin Luther in Anbetung des Kreuzes, reproduziert in Geisberg und Strauss, The German Single-Leaf Woodcut, Bd. 3, S. 1283, und zur Ähnlichkeit zwischen Luther und dem Kurfürsten, besonders barhäuptig, siehe Edgar Bierende, »Demut und Bekenntnis – Cranachs Bildnisse von Kurfürst Johann Friedrich I. von Sachsen«, in: Volker Leppin, Georg Schmidt und Sabine Wefers (Hg.), Johann Friedrich I.: Der lutherische Kurfürst, Gütersloh 2006, S. 327-357.

4) Eine frühere Version dieses Bildes, in der das Leintuch Christi die zwei Figuren noch berührt, erschien 1546 in der von Hans Lufft verlegten Ausgabe von Luthers *Neuem Testament* und wurde außerdem in mehreren Bänden der gesammelten deutschen Werke Luthers verwendet; die hier abgebildete Variante erscheint in einigen anderen Bänden der gesammelten Werke. Der erste Band der lateinischen Werke von 1545 verwendet dieselbe Ikonographie, doch das Bild unterscheidet sich geringfügig. Siehe Carl Christensen, Princes and Propaganda: Electoral Saxon Art of the Reformation, Kirksville 1992, S. 48-50. Reproduktion mit Genehmigung der Directmedia Publishing Berlin.

und Geistlichen aus, während die kleinen ausdrucksvollen Hände eine winzig kleine, kostbare Bibel vor dem massiven Brustkasten halten: als er starb, nahm man Abgüsse seiner Hände und seines Gesichts.[16] Die Falten des Talars,

16 Diese werden nun in der Marktkirche von Halle aufbewahrt und wurden auf Anordnung von Justus Jonas durch den Maler Lukas Furtenagel aus Halle abgenommen, der auch eine Pinselzeichnung von Luthers Gesicht auf seinem Totenbett anfertigte. Siehe Franckesche Stiftung Halle, Martin Luther und Halle. Kabinettausstellung der Marienbibliothek und der Franckeschen Stiftungen zu Halle im Luthergedenkjahr 1996, Halle 1996, S. 32-34. Ich danke Dr. Andreas Stahl vom Landesdenkmalamt Halle. Zur besonderen Bedeutung von Händen und Kopf als Repräsentation des Individuellen, siehe Ulinka Rublack u. Sachiko Kusukawa, Grapho-Relics: German Lutheranism and Materia-

5) Lucas Cranach der Ältere und Lucas Cranach der Jüngere, Martin Luther, Ganzfigurenbildnis nach rechts gewandt, 144 × 97 mm. Wiedergabe mit Erlaubnis der Lutherhalle Wittenberg.

6) Lucas Cranach der Ältere und Lucas Cranach der Jüngere, Martin Luther, Ganzfigurenbildnis nach links gewandt, 342 × 209 mm, Magdeburg, Christian Roedinger, 1546. Reproduktion mit Erlaubnis des Kupferstichkabinetts Wien.

den er trägt, schaffen streng vertikal verlaufende Linien, die den Eindruck von Autorität verstärken, und ihn fest im Boden verankern. Seine Haltung ist aufrecht, die Schultern stark zurückgenommen, die Halspartie stiernackig, doch sein Auftreten ist nicht das eines Mannes des Schwerts. Sein Kopf mit dem Markenzeichen der widerspenstigen Locke ist leicht nach vorn gewandt, während die Augen in eine mittlere Entfernung schauen. Das Monogramm von Cranach dem Jüngeren und die Jahresangabe sind auf beiden Holzschnitten deutlich erkennbar, verbürgen die Echtheit des Bildes und unterstreichen die Partnerschaft zwischen Werkstatt und Reformator.

Was mittlerweile der charakteristisch vertraute Luther geworden war, kam auch in der gedruckten Literatur, vor allem in den populären religiösen Werken, zum Einsatz: Luthers gesammelte Werke, seine Hymnen, der Katechismus und die Hauspostillen (für Andachten in der Familie) wurden häufig mit einem Holzschnittporträt als Vorsatzbild ausgestattet. Bis in die 1560er Jahre konnten fromme Lutheraner ihre Häuser sogar mit einem riesengroßen Porträt schmücken, das man aus einer Folge von Holzschnitten zusammensetzte, die von Cranach dem Jüngeren hergestellt wurden.[17] (Abb. 7) Auf diesen späteren Bildern,

lizations of the Word, Vortragsmanuskript zu ›Relics and Remains: A Past and Present Conference‹, 11. Sept. 2008. Für diese Bilder Luthers sind auch die Farben wichtig: unter seinem Kragen ist ein Streifen roter Untergewandung deutlich sichtbar. Rublack ist der Ansicht, dass er tatsächlich rote Strümpfe trug; Ulinka Rublack, Dressing Up: Cultural Identity in Renaissance Europe, Oxford 2010, Kap. 3.

17 Für Hus und Melanchthon gab es ähnliche Formate mit etwas weniger voluminösem Körper (die Köpfe waren austauschbar), aber Melanchthons schmaler Kopf sitzt komisch auf dem Körper, der für ihn zu groß ist; Geisberg und Strauss, The German Single-Leaf Woodcut, Bd. 1, S. 158-160. Jutta Strehle vermutet, es könnte als ein Wandtriptychon der großen Reformatoren geplant gewesen sein; Volkmar Joestel (Hg.), Luthers Schatzkammer. Kostbarkeiten im Lutherhaus Wittenberg, Dössel 2008, S. 162f.

7) Martin Luther, aus der Werkstatt von Lucas Cranach dem Jüngeren, elfteiliger Holzschnitt, ca. 1560. Reproduktion mit Erlaubnis der Lutherhalle Wittenberg. Die Gesamtgröße des Bildes beträgt 1395×775 mm.

die den Reformator alle ohne Tonsur, im Priestergewand und oft mit der Bibel zeigen, gibt es vergleichsweise wenig Variation.[18] Sie wurden zu einem begleitenden Element der Druckkultur: Abbildungen Luthers waren in ledergebundene Einbände punziert und schmückten häufig die Autographen-Bücher, die Wittenbergs Studenten gerne sammelten.[19] Auch Luther selbst bediente sich dieser Mode, Bilder des Reformators zu verwenden; er beehrte zum Beispiel den Ansbacher Kanzler Georg Vogler mit einem Exemplar der deutschen Bibel, dem ein naturgetreues Bild seiner selbst vor einem blauen Hintergrund aus der Cranach-Werkstatt vorangestellt war, ergänzt um den Zu-

18 Siehe die ausgezeichnete Dokumentation von Volkmar Joestel und Jutta Strehle, Luthers Bild und Lutherbilder. Ein Rundgang durch die Wirkungsgeschichte, Wittenberg 2003, zu Bildern Luthers im Laufe der Jahrhunderte und zur Ausstellung in der Lutherhalle Wittenberg. Meine gründliche Suche nach gedruckten Bildern des Reformators in der Archivsammlung der Lutherhalle Wittenberg legt nahe, dass die Bilder des jungen Luther als Mönch oder sogar als Junker Jörg im Druck praktisch verschwanden, um dann im 18. und 19. Jahrhundert wieder aufzuleben. (Es gibt einige schöne Ausnahmen, welche die Regel bestätigen: ein Bild Luthers als Junker Jörg aus dem Jahr 1598, das seinen Torso so verbreitert, dass seine Beine kaum zusammenkommen; das außergewöhnliche Triptychon-Gemälde, das sich nun in der Weimarer Stadtkirche St. Peter und Paul befindet, mit Luther als Mönch, als Junker Jörg und als reifem Mann, der an das Triptychon der Sächsischen Kurfürsten aus Cranachs Werkstatt erinnert; sowie das Bild auf dem Altar der Wittenberger Stadtkirche mit Luther als Junker Jörg beim Austeilen der Kommunion – die beiden Letzteren zeigen jedoch auch den späteren Luther.) Stattdessen verdrängte der reife, korpulente Luther alle anderen Darstellungen, womit ein bemerkenswert beständiges Bild des Reformators geschaffen wird. Ich danke der Kuratorin Jutta Strehle für ihre Hilfe.

19 Einige dieser Ledereinbände sind in der Lutherhalle Wittenberg ausgestellt, während ein Exemplar der *Tischreden* von 1570 in der Marienbibliothek Halle (CIV, 8 fols.), eine Ausgabe von Urban Gaubisch aus Eisleben, auf der Vorderseite ein Bild von Luther trägt und eines von Melanchthon auf der Rückseite. Zu den Autographen-Sammlungen siehe Rublack und Kusukawa, »Grapho-Relics«.

satz einer eigenhändigen persönlichen Widmung. Diese Beglaubigung der Echtheit mit Wort und Bild machte das Geschenk erst richtig wertvoll.[20] Anders als bei jedem anderen Reformator war das Bild Luthers in der Bevölkerung weithin bekannt.

Den Lutheranern gelang es so gut, seine Massigkeit zum Bestandteil des positiven Bildes vom Luthertum zu machen, dass es so gut wie keine Beispiele für eine antilutherische Polemik gibt, die sich visuell zunutze macht, was man für ein leichtes Ziel halten würde – immerhin stellten die Lutheraner selbst den weiten Leibesumfang des Papstes und seiner Bischöfe regelmäßig ins Zentrum satirischer Darstellung. In der Illustration zu Cochlaeus' feindseligem *Siebenköpfigem Luther* aus dem Jahr 1529 ist der Körper des Mönchs, auf dem die sieben Köpfe sprießen, nicht besonders fett, und Luthers Leiche auf dem fanatisch antilutherischen Holzschnitt *Die Anatomie des Martin Luther (Anatomia M. Lutheri)* von 1568 (auf dem er von seinen Anhängern seziert wird) ist mit normalem, geradezu schlankem Körperumfang dargestellt.[21] Der katholische

20 Zu sehen ist es im Historischen Museum im Zeughaus in Berlin, Ausstellung 2006. Siehe Hans Ottomeyer, Jutta Götzmann und Ansgar Reiss (Hg.), Heiliges Römisches Reich deutscher Nation 962 bis 1806, Dresden 2006, S. 60f. Dieses Geschenk, das Luther Vogler überreichte, als der ihn in Wittenberg besuchte, war kein politisches Kalkül, da Vogler zu der Zeit nicht mehr im Amt war, es würdigte vielmehr den Beitrag zur Reformation, den dieser mit seinen pro-reformatorischen Grundsätzen geleistet hatte.

21 Zu Cochlaeus siehe Peter Norman Brooks, Preface, in: Brooks (Hg.), Seven-Headed Luther: Essays in Commemoration of a Quincentenary, 1483-1983, Oxford 1983, vi-viii. Johann Hasenbergs, Ad Luderanorum, famosum Libelum, recens Wittenbergae editum, Responsio, Leipzig 1528, ein Einblattdruck, der einem Cartoon ähnlich ist und Luther zusammen mit Katharina von Bora abbildet, zeigt ebenso wenig einen fetten Luther wie sein *Ludus ludentum Lutherum ludens*, Leipzig 1530 (jetzt digitalisiert in VD 16). Man könnte sagen, dies seien

frühe Werke, noch bevor Luther zunahm; doch obwohl sie die Sinnlichkeit des Reformators stark hervorheben, stellen sie ihn nicht korpulent dar. Noch überraschender ist, dass der Holzschnitt zur Illustration für Abraham Nagels *Schüttlung deß vermeinten Christenbaums* (Ingolstadt 1589), der den siebenköpfigen Luther mit Katharina von Bora als Stamm des Baums der Häresie reproduziert, Luther nicht als fett darstellt, obwohl die Ikonographie des beleibten Reformators schon gut etabliert war; reproduziert in Peter Burschel, Das Monster. Katholische Luther-Imagination im 16. Jahrhundert, in: Medick und Schmidt, Luther zwischen den Kulturen, S. 42. Zu *Anatomia M. Lutheri* siehe Johann Nas und wahrscheinlich Alexander und Samuel Weissenhorn als Künstler, *Sihe wie das ellendt Lutherthumb/ durch seine aigne verfechter/ gemartert/ Anatomiert// gemetzget/ zerhackt/ zerschnitten/ gesotten/ gebraten/ vnd letzlich gantz auffgefressen wirdt* (1568?). Es gab mehrere Ausgaben, darunter eine von 1582, und um 1568 gab es eine in Wittenberg gedruckte Reaktion der Lutheraner, *Des ehrwürdigen Herrn Doctoris Martini Lutheri gottseligen Triumpf und Verantwortung wider die gottlosen Schmähschrift der neuen Münch der Jesuiter* ...; eine weitere Reaktion mit Versen von Johann Fischart und einem Bild von Tobias Stimmer, *Barfüßige Minoriten zerreißen den verstorbenen Hl. Franziskus*, erschien ca. 1568 und neu aufgelegt 1577. Siehe Geisberg und Strauss, The German Single-Leaf Woodcut, Bd. 3, S. 1184 f.; und zum Holzschnitt von Stimmer, ebenda, Bd. 3, S. 1016. Zum Originalbild siehe Joseph Leo Koerner, The Reformation of the Image, New Haven 2004, S. 397. Wie Koerner zeigt, beruhte das Bild auf dem Holzschnitt von 1567, der Luthers Tischreden illustriert. Ein anderer satirischer Holzschnitt aus dieser Phase ist der den Weissenhorns zugeschriebene *Martin Luther und der arme Bauer*; im Stil vorsätzlich anachronistisch evoziert er die berühmten Holzschnitt-Titelseiten volkstümlicher Pamphlete um die Zeit des Bauernkriegs und zeigt Luther dünn. Siehe Geisberg und Strauss, The German Single-Leaf Woodcut, Bd. 3, S. 1186 f., mit zwei Fassungen davon. Die Unterlassung, aus Luthers Massigkeit Kapital zu schlagen, ist um so bemerkenswerter, als in Werken aus derselben Zeit, darunter dem Manuskript *Curiositas*, ein Theaterstück der Jesuiten aus Dillingen, viel von einem lutherischen Pastor namens Biberius die Rede ist, der gemeinsam mit seiner Frau Kommunionswein aus einem Bierkrug anbietet. Siehe Burschel, Das Monster. Selbst in Neu-Spanien, wo Luther als jemand abgebildet wurde, der vom Triumphwagen der katholischen Kirche überfahren wird oder im Meer ertrinkt, wird er nicht sonderlich fett gezeigt; Alicia Mayer, »The Heresiarch That Burns in Hell«: The Image of Luther in New Spain, in: Medick und Schmidt, Luther zwischen den Kulturen, S. 119-140.

8) Sihe wie das ellend Lutherthumb …, gedruckt von Samuel Weissenhorn, Ingolstadt 1568, mit Versen von Johann Nas. Auf diesem antilutherischen Bild sieht Luthers Leichnam nicht korpulent aus, sondern regelrecht dünn. Wiedergabe mit Genehmigung des British Museum.

Ex-Lutheraner Johann Nas, der die Verse zur Anatomie schrieb, wusste nur allzu genau, wie die exkrementalen und monströsen Themen zu gebrauchen waren, welche die lutherische antikatholische Propaganda ausgeschlachtet hatte. Die Illustrationen seiner Arbeiten sind mit Bildern Luthers gespickt, darunter mit dem Häretiker als Schwein, aber sie machen nicht viel aus seinem Körperumfang.[22] Die Propagandisten machten sich über Luther lustig, weil er dem deutschen Bier übermäßig zugetan sei, oder sie bezichtigten ihn, sexuell ausschweifend zu sein, doch sie zeigten ihn selten als fett. Die lutherische Propaganda war in der Tat so erfolgreich gewesen, Luthers Auftreten als physisch eindrucksvoll darzustellen, dass die Katholiken Schwierigkeiten damit hatten, ihr die Bedeutung zu entreißen, um Verdorbenheit oder Trägheit zu suggerieren.

Luthers Bild als monumentale Gestalt war also bereits fest etabliert. Seine Lebensgeschichte sollte ebenso heldenhaft werden. Schon bald nach seinem Tod wurden Biographien

22 Zur *Ecclesia militans* siehe Jennifer Spinks, Monstrous Births and Visual Culture in Sixteenth-Century Germany, London 2009, S. 105-129 sowie Abb. 5.1 und 5.2, Johann Nas und der Monogrammist L mit einem Kreuz, 1569: Luther trottet gehorsam hinter einer großen Katharina-Sau her, in einem Bild, das stark an Darstellungen der Judensau angelehnt ist, und zudem, worauf Spinks aufmerksam macht, von Geschichten über eine Monstergeburt aus Halle gespeist ist. Interessanterweise ist auch die *Ecclesia militans* eine Reaktion auf den *Lutherus triumphans* von 1568, einen Pro-Luther-Einblattdruck, der einen gewaltigen Luther zeigt und mit einem Rundporträt des breitgesichtigen Reformators illustriert ist; Geisberg und Strauss, The German Single-Leaf Woodcut, Bd. 3, S. 1316f. Siehe Burschel, Das Monster. Eine Ausnahme hierzu bildet ein viel später entstandenes Bild aus den 1620ern, das im Nachhall der Schlacht am Weißen Berg entstand und Luther so fett zeigt, dass er eine Schubkarre benötigt, um seinen riesigen Wanst vor sich her zu schieben: Nun muss es ja gewandert sein, Kupferstich zwischen 1620 und 1630; zu einer Reproduktion siehe Joestel und Strehle, Luthers Bild und Lutherbilder, S. 19.

unterschiedlichster Art verfasst, und auch sie vermittelten einen erstaunlich starken Eindruck vom Körper ihres Helden. Das Werk, das wahrscheinlich am meisten dazu beitrug, das Bild von der Persönlichkeit des Reformators zu formen, waren aber die berühmten *Tischreden*, die zur selben Zeit wie diese Biographien und Bildnisse Luthers erschienen. Bilder spielten auch hier wieder eine entscheidende Rolle: viele Ausgaben dieses geradezu klassischen Werkes wurden von einem Holzschnitt eingeleitet, der ein Brustbild des nunmehr vertrauten breitschultrigen Reformators zeigte, sowie von einer Illustration, die ihn mit dem Wittenberger Kreis und seinen Kindern in einem Raum am Tisch abbildet. Die *Tischreden* schildern Luther beim Essen, Trinken, Gespräche führen und Theologisieren, eine Vision von lebensnaher, robuster Spiritualität, wie sie von den anorexischen Heiligen des mittelalterlichen Katholizismus nicht weiter entfernt sein konnte. Und in dem Maße, wie die *Tischreden* den Lesern Begierden und Rustikalität des Reformators bewusst machten, riefen sie ihnen auch seine Kämpfe mit dem Satan machtvoll in Erinnerung, einen Aspekt seiner Persönlichkeit, der oft missverstanden wurde, weil er nicht in seinen größeren literarischen und kulturellen Zusammenhang eingeordnet wurde.

Luthers Charakter ist für das Luthertum immer von immenser Bedeutung gewesen. Die Konzentration der Geschichtsschreibung auf Luther als Helden hat seine Ursprünge im Wesen der Wittenberger Reformation, die ihren Zusammenhalt verlor, als Luther starb und sein Charisma die Bewegung nicht mehr einte. Nach der Niederlage im Schmalkaldischen Krieg, als die neue Kirche auf Einigkeit dringend angewiesen war, gab es eine erbitterte Spaltung der Bewegung in die »Philippisten«, die loyal zu Melanchthon standen, und die Gnesiolutheraner, die sich dem entgegenstellten, was sie als einen Verrat an Luthers

Botschaft betrachteten. Luthers Vermächtnis war für beide Seiten ein umkämpfter Teil der Auseinandersetzung, doch keine Seite konnte seine Biographie ausschließlich für sich in Anspruch nehmen.

Der Prozess, in dem an Luthers Biographie geschrieben wurde, begann recht früh: schon sein Tod war eine öffentliche Angelegenheit, die mit einer Schilderung seiner Krankheit und seines Totenbetts durch Augenzeugen eilends zum Druck gelangte. Die Beerdigungspredigt von Johannes Bugenhagen und die Leichenrede Melanchthons wurden von dem Wittenberger Drucker Georg Rhau verlegt, und viele Veröffentlichungen über oder von Luther im Jahr 1546 wurden mit seinem Bild ausgestattet.[23] Genau ein Jahrzehnt später wurde die erste Gesamtbiographie verlegt. *Die Hystory vom Leben/ Sterben/ vnd sonderlich von vilfaltigem kampff vnd streyt/ … Doctor Martin Luther* – der Doktortitel wird durchgängig respektvoll gebraucht – von 1556 bildet das Herzstück von Ludwig Rabus' monumentaler mehrbändiger Geschichte über die

23 Siehe z.B. das schön gearbeitete Rundbild Luthers, das der Beschreibung seines Todes bei Justus Jonas und Michael Coelius, Vom Christlichen abschied …, Wittenberg 1546, vorangestellt ist; ein begleitendes Rundbild von Melanchthon war dessen *Oratio* vorangestellt. Siehe auch das Rundbild in Martin Luther, Zwo Schöne und Tröstliche predigt …, Wittenberg 1546; wie das Titelblatt vermerkt, wurden diese Predigten »hart vor seinem seligen Abschied von diesem Jamertal« gehalten. Zu einem ähnlichen Bild, ebenfalls von 1546, siehe Johann Spangenberg, Das Gebet Mose, des Mans Gottes: Der XC. Psalm. Durch D. Mart. Luther jnn Latinischer sprach ausgelegt, vnd jtzt verdeudscht, Wittenberg 1546. Das Bild in: Epitaphivm des Ehrwirdigen Herrn vnd Vaters Martini Luthers …, Nürnberg 1546, ist kleiner und grober, benutzt aber auch die Rundform, um einen älteren Luther zu zeigen. Siehe auch Evangelisches Predigerseminar Wittenberg (Hg.), »Vom Christlichen abschied aus diesem tödlichen leben des Ehrwirdigen Herrn D. Martini Lutheri«: Drei zeitgenössische Texte zum Tode D. Martin Luthers, Stuttgart 1996, Faksimile-Ausgabe.

Märtyrer der christlichen Kirche. Es handelt sich um eine Sammlung biographischen Materials, mit der versucht wird, Luther in eine lange Reihe christlicher Heiliger einzuordnen, in die sogar Lebensbeschreibungen von Jan Hus und von Savonarola aufgenommen sind.[24] Rabus wollte der Kirchengeschichte einen neuen Rahmen geben, in dem die lutherische Kirche mit einer Vergangenheit gewürdigt werden sollte, die bis auf die frühchristliche Kirche zurückgeht.[25] Als Teil einer Welle historischer Schriften im

24 Man könnte argumentieren, in einem gewissen Sinne sei die Anti-Biographie des katholischen Luther-Gegners Cochlaeus die erste Biographie gewesen: Commentaria Ioannis Cochlaei, de actis et scriptis Martini Lvtheri Saxonis … (1549), Faksimile Westmead, Farnborough 1968; siehe Roper, The Seven-Headed Monster: Luther and Psychology, in: Sally Alexander und Barbara Taylor (Hg.), History and Psyche: Culture, Psychoanalysis and the Past, London 2012. Die Verbindung, die Biographen zwischen Savonarola und Luther hergestellt haben, würde eine eigene Untersuchung verdienen. In der Ausgabe von Rabus' Historien von 1557 ist das Leben Savonarolas dem von Luther unmittelbar angeschlossen (Rabus erweiterte die Sammlung von Biographien in den aufeinanderfolgenden Ausgaben). Ludwig Rabus, Historien: Der Heyligen Außerwölten Gottes Zeügen/ Bekennern vnd Martyrern … Der vierdte Theyl, Straßburg 1557. Auch Cyriakus Spangenberg schrieb eine Lebensgeschichte des Savonarola: Historia: Vom Leben, Lere vnd Tode/ Hieronymi Sauanarole. Anno 1498. Zu Florentz verbrant, Wittenberg 1556. Mathesius war so sehr bemüht, mit einer Wünschelrute eine Verbindung zwischen Savonarola und Luther aufzuspüren, dass er seine erste Predigt – fälschlicherweise – mit der Angabe eröffnet, dass Luther in dem Jahr geboren wurde, in dem Savonarola verbrannt wurde; Johannes Mathesius, Historien/Von des Ehrwirdigen in Gott Seligen thewren Manns Gottes/Doctoris Martini Luthers, 1566 (VD 16 M 1490), fol. i r. Selnecker berichtigt diesen Fehler, stellt aber die Verbindung zu Savonarola schon auf der ersten Seite seiner Biographie her.

25 Derselbe Impuls wird auch in den Kunstwerken deutlich. Siehe z. B. das Chorgestühl in der Kirche der Heiligen Brüder in Braunschweig mit einem Zyklus aus 46 Ganzfigurenbildnissen von Aposteln, Märtyrern und Bekennern, gefolgt von den Bildern der Reformatoren. Koerner, The Reformation of the Image, S. 388. Die Reihe wurde vermutlich in den 1590ern vervollständigt.

Anschluss an die Reformation gab er sorgfältig alle Quellen wieder – Briefe, Luthers Werke, Berichte von Menschen, die Luther nahegestanden hatten –, aus denen er seine Darstellung zusammengetragen hatte.[26] Für seine Schilderung des Alltagslebens und bezogen auf die dramatischen Ereignisse in Worms, plagiierte er Melanchthons Grabrede und dessen biographische Skizze Luthers, in anderen Bereichen aber veränderte er seine Quelle : Wo Melanchthon Luther als einen in den Kirchenvätern und den Klassikern belesenen Gelehrten beschrieb, ließ Rabus seinen Luther allein an das Wort Gottes appellieren, und wo sich Melanchthon bemühte, Luthers überzogene Polemik zu entschuldigen, und die Schwierigkeit seines draufgängerischen Charakters freimütig eingestand, betonte Rabus' Biographie – schon auf der Titelseite – seinen vielfältigen »kampff vnd streyt«. Luther muss in den Auseinandersetzungen erst lernen, wie wichtig Sturheit ist: bei dem päpst-

26 Siehe Irena Backus, Life Writing in Reformation Europe: Lives of Reformers by Friends, Disciples and Foes, Aldershot 2008. Ein Teil des intellektuellen Kontextes stammte aus Johann Sleidans ambitionierter Geschichte der Reformation. Zum zeitgenössischen Geschichtsverständnis siehe Susan Boettcher, »Cyriakus Spangenberg als Geschichtsschreiber«, in: Stefan Rhein u. Günther Wartenberg (Hg.), Reformatoren im Mansfelder Land: Erasmus Sarcerius und Cyriakus Spangenberg, Leipzig 2006, S. 155-170; siehe auch Boettcher, The Memory of Martin Luther, 1546-1580, über die unterschiedlichen Projekte zu seinem Gedenken. Andere arbeiteten ebenfalls daran: Spalatin sammelte sorgfältig Aufsätze für ein solches Werk und nur ein Bruchteil der Chroniken des unermüdlichen Spangenberg wurde veröffentlicht. Siehe Irmgard Höss, Georg Spalatin, 1484-1545: Ein Leben in der Zeit des Humanismus und der Reformation, 1956, 2. Aufl. Weimar 1989; und im Staatsarchiv Weimar, Spalatiniana; zu Spangenberg und Geschichte siehe Andreas Stahl, Cyriakus Spangenberg als Chronist. Die Authentizität des Sterbehauses von Martin Luther, in: Rhein und Wartenberg, Reformatoren im Mansfelder Land, S. 191-216; und Siegfried Bräuer, Cyriakus Spangenberg als mansfeldisch-sächsischer Reformationshistoriker, ebenda, S. 171-190.

9) Ludwig Rabus, Historien: Der Heyligen Außerwölten Gottes Zeügen, Straßburg 1557, fol. lxxix v, handkoloriertes Exemplar der Lutherhalle Wittenberg; Wiedergabe mit Genehmigung der Lutherhalle Wittenberg.

lichen Gesandten Cajetan 1518 zu Augsburg zeigt unser Held noch Demut und Kompromissbereitschaft:

> »Welches so es die Widerpart/des Bapsts Diener vnd Gesandten hetten angenommen/were der handel des Euangeliums also bald im anfang vndertruckt worden/ Aber es hat dem Allmechtigen anderst gefallen.«[27]

Danach aber ließ Rabus ihn einen entschiedenen Verfechter der Wahrheit sein; Rabus konstruierte mit seiner Auswahl an Quellenauszügen eine Biographie, die sich als Abfolge von Konfrontationen liest, in denen Luther standhaft bleibt und die im Reichstag zu Worms gipfeln, als er sich weigert zu widerrufen.

Rabus – oder sein Verleger – wusste auch um den Wert des Bildes. Grobe Holzschnitte illustrieren die Schlüssel-

27 Rabus, Historien (Ausgabe 1556, VD 16 R 41), fol. xvi (r).

Von den H: Gottes Bekennern:

hold geleytete/
Jhm folgtē auch
die/so mit jm auß
Sachsen vnd Dü
ringē komen wa-
ren/ sampt etli-
chen anderen sei-
ner gütē freünd/
erscheynen vor dē
Ertzbischoff zů
Trier/Margraff
Joachim zů Brā
denburg / Her-
tzog Georgen zů
Sachsen/ den Bi
schoffen zů Aug-
spurg vñ Brandenburg/dem Teütschen Meyster / Graff
Georgē/Johañ Bock von Straßburg/Doctor Werthey
mern vnd Peutigern.

D. Veus Cantzler.

¶ Da fieng Doctor Veus des Margraffen zů Baden
Cantzler an/vnd protestierte/Er were derhalbē nit erfor
dert/das sie mit jhm disputieren wolten/ Sondern allein
das sie/die Fürsten/auß Christlicher liebe/ vnnd sonderli-
cher Gnade/von Key. May. erlangt hetten/ Jhn gnädig
klich vnd Brüderlich zuermanen.

¶ Darnach zeygt er an/ Wiewol die Concilia mācher
ley geordnet / doch hettē sie nichts widwertigs bschlossen/
Vnd da sie gleich geirret/so were darumb jhr Authoritet
vnd gewalt nit gefallen/ Zům wenigsten also / das ein jeg
klicher

10) Rabus, Historien, Teil 4, Straßburg 1556, fol. 82v. Dieses Brustbild Luthers ist an verschiedenen Stellen in den Text eingefügt. Es lehnt sich an die ikonischen Bilder an, die Cranach von dem reifen Luther anfertigte. Reproduktion mit Genehmigung der Bayerischen Staatsbibliothek.

vnd Martyrern/der iiij. Theyl. xliij

cher Hertzog Fridenrichs des Churfürsten von Sachsen Vatter brůders Sůn war/angesetzet.

Daselbst hin kam der Luther mit sampt dē Hochgelehrtē Herrē Philippo Melanchtone/welchē ð Churfürst Hertzog Fridenrich dz Jar zůuor auff die Hoheschůl gen Wittemberg/dz er daselbst in Griechischer Spraachen lesen solte/berůffen hat. Es kam auch dahin Johañ Eck/ welcher ein fräueler vnd frächer Theologus war.

Die Disputation ward auff den bestimpten tag/vñ nemlich den Vierdtē des Heüwmonats durch Johañ Ecken angefangē. Diser hat nůn etliche Artickel angestellt/ vnð welchen der letste war/ Dz alle die jenigē schwärlichē jrreten/die da lehreten/dz die Römisch Kirch vor den zeytē des Bapsts Sylvesters/ nit were die erste/ fürnembste

F iij vnd

11) Rabus, Historien, Teil 4, fol. 43r, veranschaulicht die Leipziger Disputation (1519), dann aber auch die Debatten zwischen Luther und Cochlaeus in Worms (1521) sowie die Diskussion in Wittenberg zur Formulierung der Konkordie (1536). Reproduktion mit Genehmigung der Bayerischen Staatsbibliothek.

begebenheiten der frühen Jahre: Augsburg, Leipzig, das Verbrennen der päpstlichen Bulle, der Kaiser in Worms, und es gibt sogar eine Illustration zu Worms mit einem cartoonähnlichen Gekrakel, das Luthers berühmte, vielleicht nie geäußerte Worte festhält: »Hie steh ich, ich kan nicht anders, Got helffe mir Amen.«[28] Ein Holzschnitt mit dem Brustbild Luthers wird im Buch mehrfach als Illustration wiedergegeben und der Drucker verwendet Holzschnitte, auf denen entscheidende Szenen der Auseinandersetzung schematisiert dargestellt sind, an anderer Stelle erneut, um weitere Konfrontationen, wie die in Marburg und Schmalkalden zu veranschaulichen. Wir sehen Luther beim Predigen auf einem Holzschnitt, der sich an der inzwischen maßgeblichen Ikonographie orientiert, und einen letzten Holzschnitt, der seine Beerdigung illustriert und seinen Sarg zeigt. Hier liefert das schlichte Bildmaterial, das in dem Exemplar, das die Lutherhalle in Wittenberg besitzt, liebevoll von Hand koloriert ist, eine elementare Erzählung dessen, was der fromme Lutheraner über das Leben des Reformators wissen muss.

Die von Johannes Mathesius und Cyriakus Spangenberg verfassten Luther-Biographien, die 1566 beziehungsweise 1589 erschienen, waren dagegen als religiöse Werke für die mündliche Überlieferung gedacht: Beide entstan-

28 Rabus, Historien. Das Werk erschien in acht Teilen und Exemplare von Drucken aus dem Jahr 1556 (VD 16 R 41) und 1557 (es gab offenbar zwei: VD 16 R 44 und VD 16 ZV 12904) haben sich erhalten; anscheinend war ihm jedoch kein langes Nachleben beschieden: nach 1571/1572 gibt es keine erhalten gebliebenen Exemplare. Abgedruckt sind elf kleine Holzschnitte: ein Brustbild Luthers, einer zu Augsburg, einer zu Leipzig, einer zu Luther und Alexander, einer zur Verbrennung der päpstlichen Bulle, zwei zu Worms, zwei zeigen Soldaten, einer zu Luther beim Predigen und einer zu Luthers Begräbnis. Martin Treu, Martin Luther in Wittenberg: Ein biographischer Rundgang, Wittenberg 2006, reproduziert die kolorierten Holzschnitte aus dem Exemplar in der Lutherhalle.

den aus einer Folge von Predigten. Spangenbergs Predigten erschienen seit den 1560ern Jahr für Jahr, bis sie schließlich in einem Gesamtband zusammengefasst wurden, der durchgängig mit Brustbildern des Reformators in einfachen Holzschnitten geschmückt war.[29] Mathesius' Biographie mit ihren zwölf Auflagen war offenkundig die erfolgreichere. Seine Jahr für Jahr erfassende, chronologische Schilderung des Lebens seines Helden (jede Predigt berichtet über ein oder zwei Jahre) widmet sich auch ausführlich den körperlichen und seelischen Erkrankungen Luthers, beschreibt seine Verdauungsprobleme und seine Depression. Eine Episode mit Darmverstopfung wird detailliert geschildert und berichtet davon, wie Luthers Därme in der Nacht in Bewegung kamen,

> »das er seiner beschwerd vnnd last / die er nun mit todtes schmertzen / biß in eylff gantzer tage getragen / mit freuden anfecht entlediget zu werden …«[30]

29 Zu den Predigten von Mathesius und Spangenberg siehe Patrick T. Ferry, Confessionalization and Popular Preaching: Sermons against Synergism in Reformation Saxony, in: Sixteenth Century Journal 28 (1997), S. 1143-1166.

30 Mathesius, Historien, fol. cxxxi r. Die posthum veröffentlichte Lutherbiographie des Mathesius wurde im 16. Jahrhundert mindestens zwölf Mal nachgedruckt (1566, 1568, 1570, 1572, 1573, 1576, 1580, 1583, 1588, 1590, 1592 und 1600, anscheinend nur in Nürnberg). Mathesius selbst hatte ein starkes Interesse an der Metallurgie, und die Gewinne, welche die Eltern eines seiner Schüler durch Minen-Spekulation machten, finanzierten seine Rückkehr als Student nach Wittenberg im Jahr 1540, wo er auch einige von Luthers *Tischreden* transkribierte; er wurde Pastor in der Bergbauregion von Joachimstal und schrieb eine Reihe von Predigten, die auf der Metaphorik des Bergbaus aufbauen: Bergpostilla: Oder Sarepta, Nürnberg 1578. In der Biographie spricht er häufig von der Kindheit Luthers als »eines Bergmans Son« (fol. cxcviii v.), wie er sich ausdrückt, und stellt ihn damit der Arbeit im Bergwerk näher dar, als es Luthers Vater als Hüttenmeister (im Grunde genommen ein Pächter mehrerer Kupferminen) tatsächlich war, und bezieht dies auf

Wir erfahren zwar eine ganze Menge über Luthers Körper, auch über seinen Gewichtsverlust, als der Tod nahte, doch über seine Kinder oder seine Frau wird wenig gesagt, und seine Eheschließung wird in der Chronik des Jahres 1525 überhaupt nicht erwähnt. Mathesius und Johann Sleidan lieferten das Material zu einer handlicheren, kürzeren Biographie. Obwohl deren Autor, Nikolaus Selnecker, ursprünglich aus dem Kreis um Melanchthon kam, gestaltete er seine Lebensgeschichte Luthers ebenfalls als einen andauernden Kampf gegen den Teufel und machte viel Aufhebens von den Prophezeiungen, die sich an ihn banden. Er gebrauchte auch wiederholt das auktoriale »ich«, indem er berichtete, was er selbst von Luther gesehen und gehört hatte.[31]

seine prophetische Rolle: »Gott wolte auß Japhets vnnd Thubals nachkommen vnnd Deutschen Sareptanern vnd Bergleuten/sein Kirche am ende der Welt reformiren«, fol. iii v; er gebraucht den Bergbau auch als Metapher (fol. ccxiiii r.). Spangenberg hatte ein ähnliches Interesse am Bergbau und seine umfangreichen Chroniken von Mansfeld, wo Luther seine Kindheit verbrachte, beinhalten große Detailkunde zum Thema. Er lotet in seiner Luther-Biographie auch die allegorischen Bedeutungen des Bergbaus aus, indem er Gott als den »Obersten Bergherrn« und die Christen als »Dingehewer« beschreibt; Cyriakus Spangenberg, *Theander Lutherus*, Oberursel 1589, fol. 354 v. Spangenberg begann das Projekt mit: Warhafftiger Bericht von den wolthaten/ die Gott durch D. Martin Luther seligen/ fürnemlich Deudschland erzeigt/ vnd von der Schendlichen groben vndanckbarkeit/ für solche grosse gaben, Jena 1561. Die Bedeutung des Bergbaus für Luthers Identität ist bislang nicht vollständig gewürdigt worden. Zu wichtigen neuen Erkenntnissen siehe Michael Fessner, Die Familie Luder und das Bergwerks- und Hüttenwesen in der Grafschaft Mansfeld und im Herzogtum Braunschweig-Wolfenbüttel, in: Rosemarie Knape (Hg.), Martin Luther und Eisleben, Leipzig 2007, S. 11-31; und Andreas Stahl, Baugeschichtliche Erkenntnisse zu Luthers Elternhaus in Mansfeld und seiner Bewohner, ebenda, S. 353-390.

31 Nikolaus Selnecker, Historica Narratio et Oratio …, Leipzig 1575, übersetzt als Historica oratio. Vom Leben vnd Wandel des … Herrn … Martini Lutheri, übers. P. Heuslerus, Leipzig 1576. Siehe Kolb, Martin

Zur selben Zeit wie diese Biographien, mit denen die Erzählung von Luthers Leben geschaffen wurde, erschienen die von Johannes Aurifaber herausgegebenen *Tischreden*. Diese Sammlung von Gesprächen Luthers bei den gemeinsamen Mahlzeiten entstand aus Aufzeichnungen, die seine Studenten gemacht hatten, und behandelte eine unkonventionelle Mischung unterschiedlichster Themen – Lehre, Politik, Beobachtungen zu den Körpern von Männern und Frauen –, wobei sie dem Rhythmus seiner Sprache folgte, die oft derb, aber immer eindrucksvoll war. Es war ein gewagtes Unterfangen – kein Wunder, dass die Lutheraner zunächst geteilter Meinung waren, ob es denn weise sei, all das zu veröffentlichen.[32] Es war eine gewaltige Arbeit der Forschung im 19. und 20. Jahrhundert, Luthers *Tischreden* zusammenzutragen, zu edieren, zu vergleichen und zu katalogisieren, und sie zugleich von allen Zusätzen zu bereinigen, um den Äußerungen des Reformators möglichst nahezukommen. Wenn wir jedoch verstehen wollen, wie Aurifabers Sammlung von 1566 in die Tradition der lutherischen Biographie passt, müssen wir zu dem ursprünglich verlegten Text zurückkehren, müssen ihn als ein eigenständiges Buch betrachten und ihn im Rahmen des Publikationswesens des späten 16. Jahrhunderts in seinen zeitgenössischen intellektuellen Kontext

Luther as Prophet, S. 70-74. Ich habe die Fassung benutzt, welche die Ausgabe von Luthers *Tischreden* von 1577 einleitet.

32 Helmut Junghans, Die Tischreden Martin Luthers, in: D. Martin Luthers Werke: Sonderedition der kritischen Weimarer Ausgabe. Begleitheft zu den Tischreden, Weimar 2000, S. 26; siehe außerdem Johannes Schilling, Bibliographie der Tischredenausgaben, WA 59, S. 747-760. Geschichte und Ikonographie des Bildes vom Reformator am Tisch in den Frankfurter Ausgaben von 1567 und 1568 werde ich an anderer Stelle behandeln, da sie einen eigenen Artikel verdienen.

einordnen.[33] Der Erfolg von Aurifabers Sammlung (die in Eisleben verlegt wurde, wo Luther geboren wurde und starb) lässt sich an der Geschwindigkeit messen, mit der er die Herrschaft über seinen Bestseller verlor: Schon im Jahr darauf gab es einen Frankfurter Raubdruck, und die *Tischreden*, an deren Druck unter anderem der führende Frankfurter Verleger Sigmund Feyerabend beteiligt war, gehörten alsbald zum Repertoire der dort ansässigen großen Verlegerszene.[34]

Was an dem Werk direkt auffällt und spätere gelehrte Herausgeber irritiert hat, ist die Gruppierung der *Tischreden* nach Themen anstatt nach Datierung, eine Struktur, die Aurifaber aus der ursprünglich unveröffentlichten Sammlung von Gesprächen übernahm, die verschiedene Studenten in einer Mischung aus Deutsch und Latein aufgeschrieben hatten.[35] Dadurch konnte das Buch die Funktion eines religiösen Textes erfüllen, der dem Leser Zugang zu Luthers Theologie in leicht verdaulichen Brocken ermöglichte. Wenn jemals ein Buch die Idee von Andrew Pettegree veranschaulichte, dass Bücher Markennamen sein können, Objekte, die man nicht besitzt, um sie zu lesen, sondern um mit ihnen die eigene konfessionelle Iden-

33 Der einfachen Bezugnahme halber werde ich nach der Faksimile-Ausgabe Aurifaber: Tischreden oder Colloquia Doct. Mart. Luthers. Faksimile-Druck der Originalausgabe 1566, mit einem Nachwort von J. Adler, Leipzig 1968, zitieren (nachfolgend zitiert als Luther, Tischreden, 1566).

34 Junghans, Die Tischreden Martin Luthers, S. 27; außerdem Kolb, Martin Luther as Prophet, S. 152-154.

35 Zur Bedeutung der *Loci communes* Methode bei der Systematisierung von Luthers Denken für spätere Leser (sie wird in den *Tischreden* ausdrücklich verwendet, wie das Titelblatt der zweibändigen Fassung von 1567 angibt), die von Melanchthon stammte, siehe Kolb, Martin Luther as Prophet, S. 195-224.

tität zu bekunden, sind das die *Tischreden*.[36] Sie waren mehr dafür gedacht, dass man kurz in sie hineinschaut, als dass man sie in einem Zuge durchliest, und zugleich banden sie die Person Luthers untrennbar in seine Theologie ein, machten sie zu einem Teil des lutherischen »Pakets«. Man konnte sie in verschiedenen Formaten kaufen: in der Quarto-Version, einem Schwergewicht in zwei Bänden, oder als elegante großformatige Folio mit roter Tinte für Hervorhebungen und klassischen Initialen. Die Konkurrenz bot eine überarbeitete Auswahl an, die 1571 von Andreas Stangewald in Frankfurt herausgegeben wurde, auf 43 Kapitel angelegt war und von Thomas Rebarts Erben gedruckt wurde. Ihr folgte eine Leipziger Ausgabe, die Selneckers Biographie von Luther einschloss und als anschauliches großes Frontispiz sein Brustbild enthielt.[37] Die Version von Stangewald sollte diejenige sein, welche die spätere Luther-Rezeption längere Zeit dominierte und das 18. Jahrhundert hindurch Bestand hatte.[38] Die ursprüngliche Auswahl Aurifabers unter achtzig Rubriken war jedoch zweifellos die geläufigste Version des 16. Jahrhunderts in dem entscheidenden halben Jahrhundert nach Luthers Tod.[39]

36 Andrew Pettegree, Reformation and the Culture of Persuasion, Cambridge 2005, S. 156-159.

37 Nikolaus Selnecker, Historica Oratio, in: Martin Luther, Colloquia oder Christliche nützliche Tischreden …, Leipzig 1577, fols. c (iv) r-g (vi) v. Ich habe mir Exemplare der *Tischreden* in der Bodleian Library in Oxford, der British Library in London, der Staatsbibliothek zu Berlin, der Lutherhalle Wittenberg, der Marienbibliothek Halle und der Königlichen Bibliothek in Kopenhagen angesehen.

38 Siehe VD 16, VD 17 und Junghans, Die Tischreden Martin Luthers; Schilling, Bibliographie der Tischredenausgaben; Kolb, Martin Luther as Prophet, S. 153. Der Einband des Exemplars der British Library von 1577 ist mit einem Bild des beleibten Luthers auf dem Lederbezug punziert.

39 Es gibt 15 vorliegende Ausgaben von Aurifaber aus dem 16. Jahrhundert im Vergleich zu lediglich fünf von der überarbeiteten Fassung

Aurifabers Band beginnt mit Textstellen über das Wort Gottes, gefolgt von einer Reihe von Kapiteln, in denen die zentralen Themen von Luthers Theologie ausgebreitet werden. Abschnitt 23 bringt dann aber einen Richtungswechsel, insofern ein kurzes Kapitel über Engel einem ganzen Schwung von Texten über den Teufel Platz macht, woran sich eine Litanei von Kapiteln über Gegner vielfältigster Art anschließt: über den Papst, Mönche und Schwärmer jeder Couleur. Dann wechselt der Ton erneut mit Kapiteln über das christliche Leben, die Ehe und die Welt, bevor er in einer Reihe sehr viel kürzerer Abschnitte ausklingt. Diese Struktur bewahrt einen charakteristischen Zug von Luthers Persönlichkeit: seine Neigung zu polarisieren. Luthers Theologie lehrt uns das Reich von dieser Welt und das Reich Gottes, Gesetz und Evangelium, Werke und Glauben und so weiter. Ein Großteil seiner intellektuellen Energie ist darauf gerichtet, zwei Begriffe zu identifizieren und sich mit einem von ihnen zu verbünden, den anderen hingegen zu diffamieren. In den meisten Ausgaben befindet sich das entscheidende Kapitel über den Teufel ungefähr in der Mitte, sodass sich der Band – er ist eher zum Durchblättern als zum zügigen Durchlesen ge-

von Stangewald/Selnecker. Siehe VD 16; Junghans, Die Tischreden Martin Luthers; Schilling, Bibliographie der Tischredenausgaben; Kolb, Martin Luther as Prophet, S. 152-154. Eine lateinische Fassung der *Tischreden*, die der Pastor Heinrich Peter Rebenstock übersetzt hatte, wurde 1571 veröffentlicht, erschien aber nur in einer Ausgabe. Die erste englische Fassung ist die Übersetzung von Captain Henry Bell, die 1652 veröffentlicht und in den Jahren 1659 und 1791 wieder aufgelegt wurde. Sie folgt zwanglos dem Original von Aurifaber, mit 80 anstatt 43 Überschriften. Zudem hat sie ebenfalls eine eingeprägte Illustration, die einen massigen Luther zeigt, ganz für sich, ohne Tisch oder Gesellschaft. Dris. Martini Lutheri Colloquia Mensalia; or, Dr. Martin Luther's Divine Discourses at his table, & c … Collected first together by Dr. A. Lauterbach, and afterwards disposed into certain common places by J. Aurifaber …, London 1652.

dacht – an dieser Stelle leicht öffnen lässt.[40] Warum sollte Aurifaber diesem Kapitel so viel Bedeutung zugebilligt haben und welches Vermächtnis war damit verbunden?

Um diese Frage zu beantworten, müssen wir näher darauf eingehen, in welchem Zusammenhang dieses Kapitel und die Frankfurter Verlegerszene standen. Als Feyerabend seine Ausgabe der *Tischreden* von 1569 veröffentlichte, druckte er im selben Jahr noch eine ähnlich großformatige, ansprechend gestaltete Sammelausgabe von Teufelsbüchern, in der er eine Reihe moralisierender Traktate zusammenbrachte, die verschiedene Sünden karikierten.[41] Jede der Sünden hat den ihr eigentümlichen Teufel: Es gibt den Hausteufel, den Eheteufel, den Tanzteufel, den Saufteufel, sogar den Hosenteufel, mit dem die Mode weiter Hosen im türkischen Stil aufs Korn genommen wird. Feyerabend war auch nicht der einzige Frankfurter Verleger, der das Geschäft am Laufen hielt, indem er die *Tischreden* druckte: Nicholas Basse, ein anderer Frankfurter Drucker, produzierte sowohl deutsche wie lateinische Ausgaben davon. Basse betrieb zufällig ein Nebengeschäft, das in dem Nachdruck von Klassikern der Dämonologie bestand. Im Jahr 1576 hatte er eine deutsche Fassung von Lambert Daneaus Abhandlung über die Hexerei produziert, die er zusammen mit der viel älteren skeptischen Abhandlung von Ulrich Molitor aus dem 15. Jahrhundert anbot, welche die Bedeutung von Täuschung bei der Hexerei betont.[42] Dabei

40 Eine Ausnahme ist die zweibändige Ausgabe, in welcher der Abschnitt am Ende des ersten Bands steht. Das abgegriffene Exemplar der Eislebener Urban-Gaubisch-Ausgabe von 1570 in der Marienbibliothek Halle hatte offensichtlich einen Besitzer, der genau dies tat, denn die Abschnitte über den Teufel gehören zu den am stärksten unterstrichenen.

41 Sigmund Feyerabend, Theatrum diabolorum, Frankfurt 1569.

42 Lambert Daneau, Zwey Gesprech: Das erste/ Von Zäuberern/ welche man Lateinisch/ Sortilegos oder Sortiarios, nennet … Das ander/

handelte es sich wohl kaum um einen maßgeblichen Text, sondern um eine alte Ausgabe, die nachgedruckt wurde, um sich im Zuge der Mode von Büchern über Hexerei bezahlt zu machen, und Basse knüpfte 1580 daran an, indem er eine Auswahl alter Abhandlungen über Hexerei in Latein herausbrachte, darunter auch den uralten *Malleus* von 1486. 1586 betätigte er sich in der gleichen Goldgrube, indem er einen weiteren Band in dem attraktiven Folioformat der *Tischreden* veröffentlichte: eine Sammlung von Büchern zur Dämonologie.

Die von Abraham Saur herausgegebene Sammlung ist im weiten Sinne lutherisch und schließt viele Texte ein, die sich zur Realität der Hexerei gewagt skeptisch äußern, so beispielsweise einen Auszug aus Johann Weyers *De praestigiis daemonum* neben Saurs eigenem leidenschaftlichen Plädoyer für gerechtere Prozesse gegen Hexen, das dramatische Protokollauszüge aus verschiedenen Prozessen enthält (ein Verkaufsargument, mit dem auf dem Umschlag geworben wird).[43] Offenkundig gab es in diesen protestantischen Kreisen so etwas wie eine Mode, Bücher zu verlegen, die sich mit der Hexerei und dem Teufel beschäftigten.

Indem er die *Tischreden* thematisch ordnete und ein Kapitel einflocht, das speziell vom Teufel handelte, unterstrich Aurifaber die Bedeutung des Satans in Luthers Theologie. Außerdem gestaltete er einen Abschnitt, der

Von Hexen vnd Vnholden/ anfenglich vor CXIIII. Jaren lateinisch von Vlrico Molitoris …, übers. Conrad Lautenbach, Frankfurt 1576.

43 Abraham Saur (Hg.), Theatrum de veneficis, Frankfurt 1586; Jakob Sprenger [sic], Malleus maleficarum, Frankfurt 1580; und er legte im Jahr 1590 Bodins berühmte Abhandlung über Hexerei in Latein wieder auf: Jean Bodin, Io. Bodini Andegavensis De magorvm daemonomania …, Frankfurt 1590. In den Jahren 1575 und 1586 veröffentlichte er Johannes Weyers skeptisches *De praestigiis daemonum* in deutscher Übersetzung; außerdem 1592 Johann Gödelmanns leicht skeptische Abhandlung über Hexerei.

von denen, die am Teufel interessiert waren, unschwer verwertet werden konnte. Und genau das geschah dann auch. Es ist lange bekannt, dass die Teufelsbücher eine vornehmlich lutherische Form des Moralisierens waren, in der die Botschaft über die Sünde mit einem Zuckerguss aus Humor versüßt wurde.[44] Weniger bekannt ist allerdings, wie direkt Luthers eigene Aussprüche über den Teufel in diese zur Unterhaltung gedruckte Literatur passten. Tatsächlich lag die Anziehungskraft der *Tischreden* zum Teil in ihrem Unterhaltungswert, und zwar besonders in den Abschnitten, die vom Teufel handelten.

Um die Idee verständlich zu machen, dass der Glaube gegen jeden Teufel schützen kann, erzählt der Luther der *Tischreden* eine witzige Geschichte. Ein Doktor der Arznei sieht, wie ein Kind getauft wird, und ist sehr beeindruckt von der Kraft der Glaubenserklärung. Er meint dann, wenn nur jemand für ihn diese Worte gesprochen hätte, würde er den Teufel niemals gefürchtet haben. Die Umstehenden versichern ihm, dass dies genau die Worte sind, die bei seiner eigenen Taufe gesprochen wurden; so gestärkt behauptet er, er werde sich nicht länger vor dem Satan fürchten. Als ob er ihn beim Wort nehmen will, erscheint plötzlich der Teufel in Form eines Ziegenbocks an der Wand. Der Doktor packt den Bock beherzt bei den Hörnern, woraufhin der Körper verschwindet, die Hörner jedoch als Trophäe in seinen Händen zurückbleiben. So weit, so gut: Hier haben wir eine Geschichte, die die Macht des Glaubens betont und den gelehrten Doktor freundlich aufzieht, dem vom einfachen Volk gesagt werden muss,

44 Siehe Ria Stambaugh (Hg.), Teufelbücher in Auswahl, 5 Bände, Berlin 1970-1980; und siehe Lyndal Roper, Saufen, Fressen, Huren. Disziplinlosigkeit und die Ausbildung protestantischer Identität, in: Roper, Ödipus und der Teufel: Körper und Psyche in der frühen Neuzeit, Frankfurt a.M. 1995.

was bei seiner Taufe geschah. Aber in einer typischen Luther-Geschichte gibt es stets noch eine weitere Wendung. Ein Beteiligter ist so beeindruckt von der Leistung des Doktors, dass er versucht, es ihm gleich zu tun, wobei sich aber zeigt, dass der teuflische Ziegenbock zu stark für ihn ist und ihm den Hals umdreht. Allein der Glaube kann den Teufel besiegen. Diese Geschichte ist wohl kaum wörtlich zu nehmen und sie verdankt eine ganze Menge den *Historien von Claus Narren*. Mit ihr wird auch so etwas wie ein Zaubertrick vorgeführt, da vorreformatorische Taufriten starke exorzistische Formeln beinhalteten, die Luther zunächst nicht gleich aufgab. Obwohl die Lektion angeblich in der Macht des Glaubens besteht, kann man die darunter verdeckte ursprüngliche Moral noch gut sehen: es ist eine Demonstration der Macht des Exorzismus.[45]

Andere Geschichten scheinen kaum eine klare Botschaft zu haben: Da ist der Pfeifer, der mit dem Pfarrer um sein Seelenheil betet, nachdem der Teufel gedroht hat, ihn zu holen, und der später tot aufgefunden wird, wobei seine Arme kreuzweise ausgestreckt sind. Noch seltsamer ist die Geschichte von Kaiser Friedrich, der einen Schwarzkünstler zum Essen einlädt und seinem unglücklichen Gast dann Ochsenhufe und Klauen an die Hände zaubert. Verlegen über seine Klauen, kann es der arme Mann kaum über sich bringen zu essen. Er bietet an, umgekehrt etwas für den Kaiser zu zaubern, und verursacht auf magische Weise draußen einen großen Lärm. Sobald der Kaiser seinen Kopf aus dem Fenster streckt, um herauszufinden, was sich dort tut, wachsen ihm große Geweihstangen auf dem Kopf, sodass er ihn nicht durch das Fenster zurückziehen kann. Und die Lektion? Ein Teufel ist stärker als der ande-

45 Luther, Tischreden, 1566, fol. 289 v; WA Tr, Bd. 6, S. 208, Zeile 25, Nr. 6815.

re. Der Witz ist zwar wunderbar antiautoritär, macht einem aber weder vor dem Teufel noch dem Magier Angst.[46]

Tatsächlich leitet der Pfeifer eine Folge von Gauklergeschichten über den Teufel, Tricks und Täuschungen ein, die anscheinend um ihrer selbst willen erzählt werden.[47] Wir treffen sogar auf einen Bauern, mit dem ein Mönch aushandelt, ihn von seiner Karrenladung Heu essen zu lassen, und der gierige Bruder verputzt die Hälfte seiner Ladung. Als Nächstes begegnen wir dem zornigen Schuldner, der das Bein des Juden packt, dem er Geld schuldet – wodurch er unversehens dessen Bein in der Hand hält, weil es sich abgelöst hat.[48] Solche Geschichten hatten großen Reiz und wir finden sie nirgendwo anders wieder als im Faust-Buch von 1587, wo der Städter Faust die unglaubliche Essensleistung vollbringt, während der zornige Schuldner der Luther-Geschichte durch einen sprichwört-

46 Ebenda, fol. 308 r; und WA Tr, Bd. 2, S. 97, Zeilen 19-34, Nr. 1425; Luther erzählte dies 1532.

47 Luther, Tischreden, 1566, fol. 296 r. Da ist zum Beispiel die Geschichte mit dem Mönch und dem Kardinal, die in einem Gasthaus übernachten, in dem es spukt. Die zwei schicken sich an zu schlafen, doch der Dämon rauft sie am Haar ihrer Tonsur, und da sie ihn für den jeweils anderen halten, geraten sie in Streit. Zuletzt heißt einer der Mönche im Namen Gottes den Teufel verschwinden, was gelingt, und sie kehren Tags darauf in das Kloster zurück. Kaum sind die Mönche dort angekommen, entdecken sie, dass der Teufel auf sie wartet, woraus sie den Schluss ziehen, dass sie kraft ihrer mündlichen Befehle Gewalt über ihn erlangt haben. Sie stecken den Teufel in eine Mönchskappe und befestigen darauf ein Glöckchen, um ihn leicht erkennbar zu machen. Dann schicken sie ihn in die Küche zur Arbeit, wo weitere Abenteuer folgen. Die Randbemerkungen versuchen dieser formlosen Erzählung so etwas wie eine Botschaft aufzudrücken: »Teufel in einer Mönchskappe« und »Scherze mit dem Teufel niemand«. Was aber im Gedächtnis bleibt, ist das Bild des armen Teufels, der eine Narrenschelle auf seinem Kopf trägt. Ebenda, fol. 298 r.

48 Ebenda, fol. 307; diese Episode ist im kurzen Abschnitt über Zauberei untergebracht.

lich unehrlichen Pferdeverkäufer ersetzt wird. Faust ist der totale Schwindler, der den Mönch und den Juden in einer Gestalt vereint. Wir wissen, dass der Verfasser der *Historia von D. Johann Fausten* Feyerabends Sammlung der Dämonologie, die Teufelsbücher und auch die *Tischreden* zur Hand hatte, als er die Geschichte des lutherischen Doktors der Theologie zusammentrug, der seine Seele dem Teufel verkauft.[49]

Biographen aus jüngerer Zeit haben die Rolle des Teufels in Luthers Theologie sehr ernst genommen. Dass sich Luther zwischen Gott und dem Teufel hin- und hergerissen fühlte, bildete für Heiko Oberman den Schlüssel zu seiner Persönlichkeit. Nach Obermans Auffassung war dies für Luthers Theologie so wesentlich, dass uns seine anregende Biographie Luther als jemanden begreiflich macht, für den der Teufel reale Gegenwart besaß. Oberman argumentiert, Luthers ständige Beschäftigung mit dem unmittelbar bevorstehenden Jüngsten Tag und dem Ende der Welt sei nicht erst in seinen späteren Jahren festzustellen, als er alt und verbittert wurde, sondern sei schon am Anfang seiner Laufbahn zu finden.[50] Oberman kon-

49 Nicholas Basse, der Werke zur Dämonologie verlegte, druckte interessanterweise 1571 zusammen mit Hieronymus Feyerabend (VD 16 L 6768) auch die lateinische Fassung der *Tischreden* sowie in den Jahren 1593, 1596 und 1597 das ursprünglich von Spiess in Frankfurt verlegte Faustbuch von 1587 (VD 16 F 651, 652, 653). Zu den Quellen des Faustbuchs siehe Hans Rupprich, Das Zeitalter der Reformation 1520-1570, München 1973 (= Helmut de Boor und Richard Newald (Hg.), Geschichte der deutschen Literatur von den Anfängen bis zur Gegenwart, Band 4, Teil 2), S. 193-197; Faust zaubert ebenfalls ein Geweih auf den Kopf eines glücklosen Ritters. Zu diesen Verbindungen siehe auch Jörg Haustein, Martin Luthers Stellung zum Zauber- und Hexenwesen, Stuttgart 1990, S. 146f.

50 Heiko Oberman, Teufelsdreck: Eschatology and Scatology in the »Old« Luther, in: Sixteenth Century Journal 19 (1988), S. 435-450; Oberman, *Luther*, S. 78f.; siehe auch Thomas Kaufmann, Martin Luther,

trastiert Luthers Vorstellung vom Leben als Kampf zwischen Gott und Teufel mit der Überzeugung von dessen Mutter, dass ihre Nachbarin nebenan eine Hexe sei. Dies sei »mittelalterliche Hexerei« – und er verwendet hier ausdrücklich den Begriff »mittelalterlich«, um deutlich zu machen, dass Luther den mittelalterlichen Glauben an den Teufel in einem gewissen Sinne verstärkte, indem er dessen Wirkungsbereich in der Welt stark vergrößerte. Diese Sicht auf Luther hat die nachfolgende Geschichtsschreibung über Hexerei beeinflusst, insofern die Gewichtung des Satans im Protestantismus gemeinhin als eine Voraussetzung für die Hexenverfolgung in den protestantischen Gegenden angesehen wurde. Der Fall von Hexerei in Wittenberg 1540 kann angeführt werden, um lutherische Leichtgläubigkeit zu verdeutlichen, während die Teufelsbücher und die generelle Moralisierung der Sünde als Teil einer umfassenden Obsession mit dem Teufel in der deutschen Kultur des späten 16. Jahrhunderts angesehen werden.[51]

Aber die implizierte Unterscheidung zwischen »mittelalterlicher Hexerei« und des Reformators »Kampf gegen den Teufel« durch den Glauben, die Oberman hier macht, ist nicht ganz wasserdicht, denn es ist Luther, der uns die

München 2006, S. 107-115, zu einer maßvolleren Einschätzung, welche die Bedeutung der Apokalypse bei Luther hervorhebt. Volker Leppins Biographie: Martin Luther, Darmstadt 2006, sieht die Wichtigkeit des Teufels im Zusammenhang mit der Apokalypse; genauso Robert Kolb, Martin Luther: Confessor of the Faith, Oxford 2009.

51 Repräsentativ hierfür ist Brian P. Levack, The Witch-Hunt in Early Modern Europe, 2. Aufl., London 1995, S. 103-105 (dt. Hexenjagd: Die Geschichte der Hexenverfolgungen in Europa, 2. Aufl., München 1999). Zum Wittenberger Fall siehe Haustein, Martin Luthers Stellung zum Zauber- und Hexenwesen, S. 141-144. Vier Personen wurden als Hexen verbrannt; Luther selbst war zu der Zeit nicht in Wittenberg, aber er wusste von dem Fall. Zu einer Diskussion des illustrierten Einblattdruckes von Cranach dem Jüngeren, siehe Lyndal Roper, Introduction, in: Roper, The Witch in the Western Imagination, Charlottesville 2012.

Geschichte von der Überzeugung seiner Mutter erzählt.[52] Bei dieser Erzählung handelt es sich nicht so sehr um ein Zeugnis ihres Aberglaubens als um eine Geschichte mit einem leicht witzigen Einschlag über die Aufrechterhaltung des sozialen Anscheins, denn die arme Mutter Luthers muss gegenüber ihrer Nachbarin, der Hexe, Freundlichkeit vortäuschen, damit diese ihren Kindern nicht schadet. Oberman weist darauf hin, dass nicht ganz klar ist, wie diese Geschichte aufzufassen ist; und Aurifaber mag das ähnlich gesehen haben, denn er platziert sie in einem sehr kurzen Abschnitt über Zauberei.[53] Darüber hinaus ist der Glaube an Hexen kaum unverwechselbar typisch »mittelalterlich«, denn es war erst die zweite Generation der Reformation, die zu ihrer Zeit die bei Weitem umfassendsten europäischen Hexenjagden erlebte. Oberman hat recht, wenn er behauptet, dass Luthers Teufel anders ist. Doch wenn er Luther als den Theologen hinstellt, der den mittelalterlichen Teufelsglauben verstärkte und ihn in etwas Profunderes umwandelte, entgeht ihm dabei der Humor,

52 Oberman, Luther, S. 92-95 zu Hanna Luther sowie S. 108-110, bes. S. 110: »Wie kein Theologe vor oder nach ihm hat er so den Nebel von Hexensabbat und Zauberkünsten teilen und die Gestalt des Widersachers zeigen können, wie sie ist: gewalttätig gegen Gott, Mensch und Welt.« Siehe zu dieser Textstelle auch Cyril Edwards, The Elf, the Witch and the Devil: Lexical and Conceptual Shape-Shifting in Medieval and Early Modern Europe, in: Nancy Bredendick (Hg.), Mapping the Threshold: Essays in Liminal Analysis, Madrid 2004, S. 120. Das ursprüngliche Gespräch stammt aus dem Jahr 1533; WA Tr, Bd. 3, S. 131 f., Nr. 2982b.

53 Einige der besten »Teufelsgeschichten« stehen eigentlich im Anhang: dass Fliegen wie der Teufel sind (615 v); einer, der schwört, er gebe seine Seele für eine Zeche Weins (616); der Landsknecht und der Wirt (616 r-v); die Magd und der Teufel, der allzeit bei ihr am Herd sitzt (619). Viele davon wurden dem Anhang entnommen und wanderten in späteren Ausgaben in den Abschnitt über den Teufel; siehe die von Simon Hüter gedruckte Eislebener Ausgabe von 1568 (Halle Ulr.14) oder die Frankfurter Ausgabe von 1569.

die Chronologie der Hexenverfolgung verläuft umgekehrt und die Rolle, die der Teufel in Luthers Leben und Theologie spielt, wird übertrieben.

Luthers Teufel ist von Grund auf anders als der Teufel der Hexenjäger, die nach ihm kamen. Für Dämonologen wie Jean Bodin und Nicolas Rémy ist der Teufel überall, er verführt Hexen zum Verkehr mit dem Teufel, fliegt mit ihnen auf diabolischen Ziegen durch die Nacht und lockt sie zum Hexensabbath, wo sie sich an Kinderfleisch gütlich tun. Die geistige Welt der Dämonologen ist von bösen Geistern und schauerlichen Verschwörungen der Hexen überschattet, die wild entschlossen sind, die Menschheit zu vernichten. Demgegenüber laufen die Texte über den Teufel, die in der zweiten Hälfte des 16. Jahrhunderts von Feyerabend und Basse in Frankfurt gedruckt wurden, nicht wirklich auf eine konventionelle Dämonologie hinaus, denn damit die Teufelsbücher eine Wirkung erzielen, sind sie darauf angewiesen, dass wir uns eine Schar ganz verschiedener Teufel vorstellen können, von denen einer witziger ist als der andere, während Saurs Kompendium dämonologischer Schriften viele Werke einschließt, die der Realität der Hexerei ambivalent oder sogar skeptisch gegenüber stehen.[54] Obwohl die Textstellen in den *Tischreden*, die vom Teufel handeln, dessen Macht betonen, gehören sie zu einer Reihe grundsätzlich zweideutiger Schriften über die Hexerei und den Satan. Tatsächlich fällt auf, dass der Luther der *Tischreden* eigentlich recht wenig über Hexen zu sagen weiß: Gerade einmal drei Seiten sind der Zauberei gewidmet und selbst diese enthalten fast nichts über Hexen. Die hastige Geschäftigkeit, mit der sich die Drucker in Frankfurt auf den Teufel stürzen, ist

54 Die von Abraham Saur herausgegebene Sammlung von Basse umfasst auch die skeptische Schrift von Johann Weyer. Feyerabend hatte Weyer bereits in einem eigenständigen Band veröffentlicht.

alles andere als ein einfacher Beleg für die lutherische Leichtgläubigkeit in Bezug auf die Hexerei, und obwohl Luther sicherlich glaubte, dass es Hexen gebe, kann seine Sicht auf sie nicht mit der von Hexenjägern gleichgesetzt werden, die eine Generation später folgten.[55]

Luthers Bemerkungen über den Teufel in den veröffentlichten *Tischreden* sind tatsächlich schwer zu kategorisieren. Der Abschnitt beginnt mit einer Beschreibung der äußeren Erscheinung des Satans, die auf den zehn Geboten beruht: des Teufels »Haupt« ist seine Verachtung für Gott, eine Versündigung gegen das erste Gebot; seine »Ohren« signalisieren seine Ablehnung, auf Gottes Wort zu hören; seine »Brust« ist sein Ungehorsam gegenüber den Eltern, eine Versündigung gegen das vierte Gebot, und so fort. Wenn dies physisch ein Teufel ist, dann wohl kaum in herkömmlicher Menschengestalt. Mehrere der Geschichten zum Teufel sind autobiographisch motiviert, sie beziehen sich auf die Zeit, die Luther auf der Wartburg verbrachte, oder auf seine depressiven Phasen in seiner Zeit als Mönch.[56]

55 Siehe Haustein, Martin Luthers Stellung zum Zauber- und Hexenwesen, zu einer nuancierten und anspruchsvollen Erörterung von Luthers Einstellungen zur Hexerei. Zur Dämonologie und Unterhaltungsliteratur siehe Lyndal Roper, Witchcraft and the Western Imagination, in: Transactions of the Royal Historical Society 16 (2006), S. 117-141.

56 Diese Dimension wurde ab dem Jahr 1577 durch die Aufnahme einer Lebensbeschreibung Luthers durch Selnecker in die Selnecker-Ausgaben noch weiter verstärkt. Interessanterweise zeugen Melanchthons eigene kurze Überlegungen zu Luthers Biographie ebenfalls von der Bedeutung seiner Persönlichkeit: »Diese erfolgreichen Anfänge verschafften ihm große Autorität, besonders weil sein Verhalten mit seinen Worten übereinstimmte und weil seine Worte offensichtlich nicht von den Lippen, sondern aus dem Herzen kamen. Bei seinen Zuhörern ergab sich aus der Bewunderung seines Lebensstils große Zuneigung, wie auch schon die Alten sagten: ›Entscheidende Glaubwürdigkeit hat der Lebenswandel.‹« Elizabeth Vandiver, Ralph Keen und Thomas D. Franzel

Der Teufel taucht in fast allem auf, was Luther schrieb, ob es nun Predigten, Streitschriften oder Abhandlungen sind – auch seine Briefe sind übersät mit Hinweisen auf den Satan. Doch Luthers Teufel ist schwer festzunageln. Er ist nicht so sehr ein äußerer Akteur, dessen Angriffe einen überwältigen können und der an einer großen Verschwörung zum Sturz des Christentums arbeitet, sondern eher eine spirituelle Präsenz.[57] Damit soll nicht gesagt sein, dass er der Realität entbehrt: Luther beschreibt 1527, wie er gegen Anfechtungen kämpft und dieses Ringen hatte sicherlich physische Dimensionen. Aber es ist nicht dasselbe wie die diabolische Gymnastik, die von Heiligen aus dem 15. Jahrhundert berichtet wird, die der Teufel in die Luft hob, im Raum umherschleuderte und grün und blau schlug, sodass Prellungen zurückblieben. Luthers Begegnungen mit dem Teufel waren von einem starken Sausen in den Ohren, von Ohnmachtsanfällen und Schluchzen gekennzeichnet.[58] Es waren eher somatische Störungen als

(Hg. und Üb.), Luther's Lives: Two Contemporary Accounts of Martin Luther, Manchester 2002, S. 18. [M. Beyer u. a. (Hg.), Melanchthon deutsch, Band 2, Theologie und Kirchenpolitik, Historia Lutheri (1546), Leipzig 1997, S. 173.]

57 Siehe Carlos M. N. Eire, »Bite This, Satan!« The Devil in Luther's Table Talk, in: Marc Forster und Benjamin Kaplan (Hg.), Piety and Family in Early Modern Europe: Essays in Honour of Steven Ozment, Aldershot 2005, S. 70-96. Siehe auch zu Luthers Haltung gegenüber Engeln und Apokalyptik, Philip M. Soergel, Luther and the Angels, in: Peter Marshall und Alexandra Walsham (Hg.), Angels in the Early Modern World, Cambridge 2006, S. 64-82.

58 Siehe Martin Brecht, Martin Luther, Band 2, Ordnung und Abgrenzung der Reformation 1521-1532, Stuttgart 1986, S. 204-206, zu einer ausgezeichneten Erörterung wie Luthers Kreislaufprobleme mit seinen geistlichen Anfechtungen zusammenhingen; und zur Erkrankung von 1527, siehe WA Br, Bd. 4, S. 221 f., Zeilen 8-12, 10. Juli 1527, Luther an Spalatin; und WA Br, Bd. 4, S. 222, Zeilen 13 f., 13. Juli 1527, Luther an Nikolaus Hausmann; und zu der äußerst detaillierten Darstellung durch Bugenhagen siehe WA Tr, Bd. 3, S. 381-390, Nr. 2922b, so-

buchstäblich diabolische Angriffe und erst recht nicht durch Hexerei hervorgerufene Krankheiten. (Während seines Aufenthalts auf der Wartburg sprach Luther von seiner Verstopfung ganz trocken als »Kreuzesqual« oder als »Reliquien des heiligen Kreuzes«, wodurch er sein Leiden mit religiöser Bedeutung auflud.)[59] Luthers Teufel verursacht Melancholie und Krankheit, weil es ihm gefällt, Christen ganz allgemein anzufechten. Er versucht aber nie zu verführen, wie das bei den angeklagten Hexen der Fall ist, noch hat er die verräterischen gespaltenen Hufe oder den spitz auslaufenden Schwanz. Tatsächlich bekommen wir nie ein klares Bild davon, wie er eigentlich aussah. Während die Dämonologen angesichts der Macht der Hexen erschüttert und beunruhigt erscheinen, weil sie diese bei einer Verschwörung am Werk sehen, vor der nichts, nicht einmal das göttlich eingesetzte Richteramt, sicher ist, scheint sich Luther im Großen und Ganzen des Sieges über den Teufel heiter gewiss zu sein. Und obwohl Ober-

wie S. 80, Nr. 2922a zu Luthers eigener Version. Hier sagt Luther wenig über den Teufel selbst, obwohl die Anfechtungen gewiss diabolischer Art waren. Als sie weitergingen, betete er ständig, »Dein Wille geschehe«, rief aber auch aus, »O, wie werden die schwermer ein jamer anfahen nach meinem tod! Ich hett noch de baptismo wollen schreiben«, und somit verknüpfte er die teuflischen Angriffe mit seiner heiligen Pflicht, die Wiedertäufer zu bekämpfen, die er als Abgesandte des Teufels ansah (WA Tr, Bd. 3, S. 81, Zeilen 1-5).

59 WA Br, Bd. 2, S. 354f., Zeilen 27-28, 10. Juni 1521; S. 387-390, Zeile 31, 9. Sept. 1521. Eine interessante Ausnahme ist WA Tr, Bd. 3, S. 131, Zeile 27 – S. 132, Zeile 2, unter Nr. 2982b, wo Luther als Antwort auf die Frage, ob Christen durch Zauberei Schaden erleiden können, sagt, er glaube, dass seine eigenen Krankheiten »nicht allewege natürlich seien, sondern dass Junker Satan seinen Muthwillen an mir ubet durch Zäuberei«; doch er fährt fort, »Gott aber errettet seine Auserwählten von solchem Ubel«; normalerweise ist Luthers Ansicht dazu, dass Krankheiten wohl von Satan kommen mögen, Gott uns aber Arzneien gibt, um sie zu bekämpfen, sowie auch den Glauben, um zu widerstehen.

man sicherlich recht hat, dass der Diskurs über den Jüngsten Tag bei Luther schon früh zu finden ist, hinterlässt er eher den Eindruck eines metaphorischen Rahmens als den einer wörtlich genommenen Überzeugung.[60]

Was geschah später mit den *Tischreden*, als die etwas gestaltlosen achtzig Rubriken von Aurifabers Original im Jahr 1571 von Stangewald (und nach ihm 1577 von Selnecker) einer Neuordnung in 43 stärker strukturierte Abschnitte unterzogen wurden? Aurifaber hatte den Abschnitt über den Teufel mit allegorischen statt realistischen Beschreibungen des Satans beginnen lassen: »Ein Gottloser Mensch ist ein Contrafect oder Bild des Teufels« und »Des Teufels Bilde und abmalung/ aus den Zehen geboten«. Doch die neue Fassung setzt gleich mit einer Reihe krasser Anfangspassagen über die tyrannische Macht des Teufels ein, indem sie einen Absatz über das Bevorstehen des Jüngsten Tags unter einer eigenen Balkenüberschrift unübersehbar an den Anfang stellt – Aurifaber hatte diesen Absatz lediglich an einen von Luthers Aussprüchen weiter hinten im Abschnitt angehängt. Selnecker und Stangewald verschoben die allegorischen Passagen über das Aussehen

60 Zu einer anderen Auffassung siehe Mark U. Edwards, Jr., Luther's Last Battles: Politics and Polemics, 1531-46, Ithaca 1983. Zu apokalyptischen Themen bei späteren Lutheranern einschließlich Selnecker, siehe Irena Backus, Reformation Readings of the Apocalypse, Oxford 2000, bes. S. 124-137; und Robin Barnes, Prophecy and Gnosis: Apocalypticism in the Wake of the Lutheran Reformation, Stanford 1988, bes. S. 1-12, S. 30-59 zu Luther, wo deutlich wird, dass Luther zwar gelegentlich damit spielte, die bevorstehende Apokalypse zu datieren, generell jedoch glaubte, ihr Datum sei uns nicht bekannt, und dass sie seinem Denken als strukturierender Rahmen dient. Siehe auch Kolb, Martin Luther, S. 168, der klug darauf hinweist, dass in Luthers besonderer Variante der Apokalyptik »diese Kämpfe im individuellen Leben fortgesetzt werden«, das heißt, es geht in ihnen nicht bloß um den Verlauf der Menschheitsgeschichte, sondern auch um das individuelle spirituelle Leben.

des Teufels zur Mitte hin, wo sie weniger ins Auge stechen. Das Ergebnis dieser und anderer herausgeberischer Umstellungen ist die Erzeugung eines straffer argumentierten Abschnitts, der mehr zu einer Sichtweise tendiert, wonach Luther und das Luthertum von dem Kampf mit einem realen, nicht metaphorischen Teufel beherrscht sind, ein Bild, das mit der neuen Hexenverfolgung des späten 16. Jahrhunderts viel besser im Einklang stand. Diese Variante der Lutherdarstellung sollte sich letztlich als langlebiger erweisen, sie unterscheidet sich allerdings erheblich von dem Original.[61] Luther birgt natürlich den Stoff für viele verschiedene Luther – aus diesem Grund konnten sowohl Philippisten, das heißt Anhänger Melanchthons, als auch lutherische Loyalisten für sich beanspruchen, seine Erben zu sein. Wenn wir jedoch die Rolle des Humors aus seiner Vorstellung vom Teufel tilgen oder seine Fähigkeit außer Acht lassen, Animalisches und den Satan zu verbinden, ohne deswegen den Körper zu verurteilen, werden wir ihn gründlich missverstanden haben. Luthers Kampf mit dem Teufel ist zwar kosmisch, aber auch komisch.

Wann immer Luther über den Teufel spricht, ist das Anale nicht weit entfernt. Aurifaber mildert zwar die derberen von Luthers ursprünglichen Ausdrücken systematisch ab, doch er löscht Luthers Humor mit Analbezug nicht gänzlich aus, und so wird dieser zu einem wesentlichen Bestandteil der Persönlichkeit, die uns durch die *Tischreden* überliefert wird. Wir lesen, wie Luther den Satan mit einer Fliege vergleicht, die sich das sauberste weiße Papier aussucht, um ihren Dreck zu hinterlassen, so wie der Teufel

61 Luther, Colloquia … , Leipzig 1577, fol. 86 v; die Ausgabe verlegt die Abschnitte über den Teufel ebenfalls in Kapitel 9.

darauf aus ist, gerade die Tugendhaftesten unrein zu machen – ein Bild, das den Teufel in der Größe zurechtstutzt und handhabbarer macht, während es sein Tun mit Schmutz gleichsetzt.[62] Spirituell betrachtet, zeigt Luther hier seine Verachtung für den Teufel, indem er ihn beleidigt. Luther gebraucht das Exkrementale aber auch als eine Waffe, um den Teufel anzugreifen: wenn die Schrift und das Gebet versagen, ist die beste Art den Teufel loszuwerden, einen Furz gegen ihn zu lassen.[63] Diese Idee wird in der Pointe der Geschichte von einer Frau, die nachts von einem Poltergeist heimgesucht wird, noch einen Schritt weiter getrieben: sie lüpft das Bettzeug, lässt einen Riesenfurz, befiehlt dem Teufel, diesen als Stab zu nehmen und sich auf Wallfahrt nach Rom zu begeben, »zu deinem Abgott dem Bapst/ vnd hole dir Ablas von jme«. Die Textstelle versteigt sich zu einer Kette von Beleidigungen, die den Papst, die Kirche, Wallfahrten und Ablässe zu einem genugtuenden komischen Ganzen vermengt. Vom Teufel heimgesucht, der ihn an seine Sünden erinnert, um ihn an Christi Liebe zweifeln zu lassen, bekämpft der Luther von Aurifabers *Tischreden* diese Melancholie, indem er dem Teufel entgegnet:

> »wolthat vnd Gnade Gottes wil ich nicht verleugnen/ sondern bekennen/Hastu aber nicht gnug daran/du Teufel/So hab ich auch geschmissen vnd gepinckelt/daran wische dein Maul/vnd beisse dich wol damit.«[64]

Zugegebenermaßen wissen wir aus anderen abweichenden Aufzeichnungen von Luthers *Tischreden*, dass Aurifaber das schwächere »geschmissen« für »geschissen« eingesetzt hat, aber die Bezugnahme auf Körperfunktionen hat er

62 Luther, Tischreden, 1566, fol. 615 v.

63 Ebenda, fol. 280 v.

64 Ebenda, fol. 290 v-r; fol. 304.

kaum getilgt.[65] Sein Publikum wird auch mit der Vorstellung des unflätigen, furzenden Körpers sehr vertraut gewesen sein, denn das gehörte zur zeitgenössischen literarischen Mode. Der Rüpel Grobian, der genau das Gegenteil von dem tut, was die Sitten verlangen, hatte zwar in Sebastian Brants *Narrenschiff* von 1493 einen Auftritt als »St. Grobian«, doch erst in dem Werk des lutherischen Pastors Friedrich Dedekind (1524-1598) kam die Idee zur vollen Blüte. Zunächst als lateinische Ausgabe erschienen, erlebte sein Buch viele Auflagen und bald auch eine deutsche Übersetzung sowie sein weibliches Gegenstück in der Grobiana.[66] Diese Literatur wurde zur selben Zeit gedruckt und verkauft wie die *Tischreden* und sie kam aus demselben lutherischen Milieu; sie wird auch dazu beigetragen haben, die Art, wie man Luther las, zu formen.

In seinen veröffentlichten Schriften ist Luthers Verwendung des Analen moralisch zweideutig. Manchmal verknüpft er den Teufel mit dem Exkrement, wenn er mit Blick auf das Papsttum schreibt, »denn wir sind einstmals auch der höllischen Hure, des Papstes neuer Kirche, mit ganzem Ernst im Hintern gesteckt«, oder wenn er Rom als

65 Zu einer anderen Sicht siehe Junghans, Die Tischreden Martin Luthers, S. 32. Es mag wohl richtig sein, dass Aurifaber die analen Bezüge abschwächt, doch er schließt sie ein, während seine Aufnahme von mehr als hundert Textstellen aus *Wider den Meuchler zu Dresden* in die *Tischreden* diesen Aspekt von Luthers Rhetorik im Grunde genommen verstärkte.

66 Dedekinds Quellen schlossen Erasmus und Brant ein. Die Thematik beschäftigte ihn weiter, und er schrieb im Laufe seines Lebens noch einige weitere Bände. Kaspar Scheidts Übersetzung des Grobian erschien 1551 und ergänzte sie um neues Material, während Wendelin Hellebach die dritte Fassung von Dedekinds Grobian-Geschichten übersetzte, die 1572 in Frankfurt gedruckt wurde; Rupprich, Das Zeitalter der Reformation, S. 216-219. In der zweiten Hälfte des 16. Jahrhunderts erschienen immer wieder Ausgaben, viele von ihnen in Frankfurt und bei einer ganzen Reihe von Druckereien.

die Latrine bezeichnet, »wo alle Teufel scheißen«, oder seine Gegner apostrophiert:

> »Aber meinet, was jr wollet, so thut in die Bruch [Hose] und henget sie an den Hals, und machete davon euch ein galreden [Sülze] und fresset, jr groben Esel und Sewe.«[67]

Doch ebenso konnte er schreiben, dass vor dem Sündenfall »kein Gestank an dem Exkrement war«, und in seinen Predigten und Vorlesungen zur Genesis greift er im Rahmen seiner Auslegung regelmäßig nach körperlichen Metaphern, wobei er sich mitunter auf die Defäkation bezieht.[68] In seinen Vorlesungen über das Johannes-Evangelium geht er sogar so weit, einen Vergleich mit der Ausscheidung zu ziehen, um zu erklären, wie manches Lasterhafte wie die Häresie aus dem Schrifttum entstehen kann:

> »Kanstu aber zu friden sein und fein kluglich unterscheiden zwisschen dem leib und dem, das von jm gehet, Und bist nicht so toll und toricht, das du darumb woltest den leib versprechen [tadeln], Sondern lobst jhn drumb, das er sich so wol reinigen kan als ein feiner, gesunder leib, das die nasen wol schneutzet, der bauch sich wol fegt […] Warumb kanstu nicht hie auch also unterscheiden?«[69]

67 Luther Deutsch, hg. von Kurt Aland, Bd. 4, Stuttgart/Göttingen 1964, S. 266; WA, Bd. 51, S. 499b, Zeilen 1-2 (Wider Hans Worst); »Cloaca diabolorum, Da alle Teuffel hin scheißen.« WA, Bd. 47, S. 411, Zeile 10; WA, Bd. 51, S. 471, Zeilen 11-13 (Wider Hans Worst). So spricht Luther zum Beispiel überall in *Wider das Papsttum zu Rom, vom Teufel gestiftet* vom Papst als »fartz Esel zu Rom«; in anderen Streitschriften taufte er Caspar Schwenckfeld in »Stenckfeld« um.

68 WA, Bd. 42, Vorlesungen über 1. Mose von 1535-45, S. 84, Zeile 10, »non fuit foetor in excrementis«.

69 WA, Bd. 45, Das xiv. und xv. Kapitel S. Johannis, S. 648, Zeilen 30-35.

Bei anderen Gelegenheiten sind Exkremente, wie wir gesehen haben, eine starke Waffe gegen den Teufel, ähnlich wie nach psychoanalytischer Auffassung das Kind den Kot in Allmachtsphantasien verwendet. Die veröffentlichten Tischreden spiegeln hier ein in Luthers Gesprächen hartnäckig wiederkehrendes Thema. So sprach er zum Beispiel 1533 davon, wenn er nachts dem Teufel begegne und der »will an mich mit dem disputirn« und das Argument, über einen Christen habe er keine Macht, nicht helfe, »so weyse man yhn flugs mit eim furtz ab«.[70] Diese Haltung hat ihr sichtbares Gegenstück in »Das päpstliche Belvedere« von 1545, in Cranachs und Luthers *Abbildung des Papsttums*, wo berüchtigterweise deutsche Söldner Fürze gegen den Papst lassen.[71] Nun könnte man argumentieren, dies sei klassisches magisches Denken und Luther stelle sich wie ein Kleinkind vor, er könne die Produkte seines Körpers einsetzen, um damit etwas zu bewirken. Luthers Bezugnahmen auf die Defäkation wären dann weit davon entfernt, den Bann des Teufels zu brechen, sondern wären selbst ein magisches Ritual, das in den Umkreis eines solchen Volksglaubens gehörte wie die Idee, man könne eine Hexe erkennen, wenn man einen Hexenrauch entzünde, weil sie dann gezwungen sein werde, ihren Darm zu entleeren, oder wie die Vorstellung, man solle auf Kirchen Wasserspeier anbringen, um Dämonen abzuwehren. Eine solche Interpretation würde allerdings das starke Element der Entzauberung verfehlen, das für Luthers Kreativität immer

70 WA Tr, Bd. 1, S. 204f., Zeilen 30f., Nr. 469 (1533); Luther, *Tischreden*, 1566, fol. 290 v.

71 Abbildung des Papsttums, 1545, WA, Bd. 54, S. 346-373 zum Text allein und zu den Ausgaben; siehe R. W. Scribner, Demons, Defecation and Monsters, in: Scribner, Popular Culture and Popular Movements in Reformation Germany, S. 277-300, zur Erörterung des Werks und der Bilder.

zentral ist. Das Exkrementale in Luthers Werk kann immer auch eng mit Spiel und mit Humor verbunden sein.[72]

Zu unseren eigenen intellektuell schwierigen Erbschaften gehört die populistische Version des Freudianismus, der die anale Stufe als ein Stadium betrachtet, das wir auf unserem Weg zu einer entwickelteren »genitalen« Stufe der Libido-Entwicklung durchlaufen. Freud dachte hier in Darwinschen Begriffen, so als ob wir nur dann die Evolution zu einer höheren Ebene durchmachen, wenn wir die anale Stufe hinter uns lassen.[73] Die anale Stufe ist aber auch für die psychische Gesundheit von grundlegender Bedeutung, und der Humor der Regression, den das Anale darstellt, hat auch Verbindungen zum Spiel. Luther denkt durch seinen Körper. Das Spirituelle und das Somatische sind bei ihm stets miteinander verschränkt: Über seinen bevorstehenden Tod schreibt er beispielsweise, er werde sich in seinen Sarg legen und »den Maden einen feisten Doktor zu essen geben«. Früher, wenn ihn die Melancholie überkam, verlor er an Gewicht, eine Erfahrung, die ihn später dazu veranlasste, Menschen in gleicher Lage den Rat zu geben, zu essen und zu trinken und wenn es helfe, sogar an Mädchen zu denken, um dem Teufel eins auszuwischen.[74]

72 Luther berichtete auch zustimmend von der Maßnahme Bugenhagens gegen den Teufel, welcher verhinderte, dass den Frauen das Buttern gelang: »da fur der Pommer zu, verhönet den Teuffel, scheys ins putter fas, tunc desiit Sathan« (WA Tr, Bd. 3, S. 356, Zeilen 5-7, Nr. 3491) zitiert bei Haustein, Martin Luthers Stellung zum Zauber- und Hexenwesen, S. 137. Zur Bedeutung des Spiels siehe D. W. Winnicott, Playing and Reality, London 1971, bes. S. 9 (dt. Vom Spiel zur Kreativität, 2. Aufl., Stuttgart 1973); das Übergangsobjekt, für das Spiel so wichtig, könnte für die Fäzes stehen.

73 Hier bin ich Ruth Harris zu Dank verpflichtet.

74 Die Äußerung, »wenn ich wieder heim gen Wittenberg komm, so will ich mich alsdann in Sarg legen. und den Maden einen feisten Doctor zu essen geben«, wird als Prophezeiung seines bevorstehenden Todes

Luthers Analrhetorik hat denjenigen, die ihn psychoanalytisch erklären wollen oder die ihn als psychisch gestört ansehen, natürlich jede Menge Stoff geboten. Es überrascht daher nicht, dass Psychobiographen von ihm angezogen sein sollten.[75] Obwohl Freud über Luther praktisch nichts zu sagen hatte – der Protestantismus gehörte einfach nicht zur geistigen Ausstattung des *fin de siècle*-Wien –, wurden seine Ideen sehr bald von anderen auf Luther angewandt. Preserved Smith, der kurz vor dem Ersten Weltkrieg schrieb, entwickelte eine unterschwellig freudianisch getönte Deutung von Luthers Charakter. Der Psychiater und Klinikfacharzt Paul Reiter versuchte eine Diagnose Luthers, bei der er zu dem Schluss kam, dass dieser an einer manisch-depressiven Psychose mit vorwie-

aufgefasst; WA Tr, Bd. 6, S. 302, Zeilen 10-15, Nr. 6975 (ist in Aurifabers *Tischreden* enthalten). Zur Melancholie siehe z. B. WA Tr, Bd. 4, S. 505-509, bes. S. 507, Zeilen 23 f., Nr. 4787; und zu dieser Textstelle siehe Roper, Venus in Wittenberg, S. 88. Über die Gedanken an Mädchen, siehe WA Tr, Bd. 1, S. 49, Zeilen 27-50, Zeile 1, Nr. 122: er rät denjenigen, die vom Teufel angefochten werden, zu essen, zu trinken und die Geselligkeit zu suchen. Als er selbst 1527 geistliche Anfechtungen und Schwächeanfälle erlitt, war er darauf bedacht, zu trinken und Gesellschaft zu haben; siehe WA Tr, Bd. 4, S. 81-90 zu Bugenhagens Bericht über Luthers Erkrankung. In einem Brief an Hieronymus Weller, der an Anfechtungen des Teufels litt, riet ihm Luther, zu trinken, zu scherzen und zu sündigen; WA Br, Bd. 5, S. 518-520, Zeilen 43-64, Juli 1530. Luthers Einstellung war Rabus bekannt genug, um ihr unbewusst Tribut zu zollen, indem er Luthers Rat für eine kranke Person, die an Melancholie litt, in seine Biographie aufnahm; Rabus, Historien, fols. clxxviii-clxxxvi. Zur Melancholie siehe auch Oberman, Luther, S. 332-337.

75 Das begann schon recht früh; wie Peter Macardle gezeigt hat, gab es sogar im frühen 18. Jahrhundert eine Biographie, die Luther unter Verwendung der Lehre von den Körpersäften eindeutig als eine Mischung aus sanguinischem und cholerischem Temperament diagnostizierte; Macardle, The Well-Tempered Reformer: Heinrich Martin Thümmig's »Psychoanalysis« of Martin Luther (1717) and its Contexts«, in: Neil Thomas (Hg.), German Studies at the Millennium, Durham 1999, S. 64-94.

gend depressiven Phasen litt. Diese ungewöhnliche Arbeit wurde in zwei Bänden veröffentlicht, von denen der erste im Jahr 1937 und der zweite 1941 unter nationalsozialistischer Besatzung in Kopenhagen erschien (der Name Levin war aus dem Impressum des Verlegers entfernt worden).[76] Die berühmteste psychoanalytisch beeinflusste Biographie erschien 1958: Acht Jahre nach seinem Klassiker *Kindheit und Gesellschaft* wandte Erik Erikson sein Paradigma adoleszenter Entwicklung auf Luther an.[77] Eriksons Werk geriet zu Recht ins Kreuzfeuer der Kritik, denn sein Interpretationsrahmen der jugendlichen »Identitätskrise«, den er aus seiner Arbeit mit gestörten Teenagern gewann, entstellt die großen Krisen Luthers, die nicht in seiner Jugend stattfanden. Bemerkenswert ist doch, wie alt Luther war, als seine Laufbahn als Reformator begann: Er war 33 Jahre alt, als er die 95 Thesen anschlug, 37, als er vom Papst exkommuniziert wurde, und 41, als er heiratete.

Die Psychobiographie der 1950er Jahre hat verdientermaßen eine schlechte Presse bekommen, obwohl Martin Brecht in seiner maßgeblichen Biographie aus den 1980ern vielleicht doch zu weit geht, wenn er jegliche Spekulation, zum Beispiel über Luthers Verhältnis zu seinen Eltern, ablehnt.[78] Schließlich steht uns für Luthers psychisches Le-

76 Paul Reiter, Martin Luthers Umwelt, Charakter und Psychose, sowie die Bedeutung dieser Faktoren für seine Entwicklung und Lehre: Eine historisch-psychiatrische Studie, 2 Bände, Kopenhagen, 1937-1941. Im selben Jahr, in dem Reiters zweiter Band erschien, veröffentlichte Erich Fromm sein Buch *Die Furcht vor der Freiheit*, das eine Jungianische Studie über Luther enthielt.

77 Erik H. Erikson, Der junge Mann Luther: eine psychoanalytische und historische Studie, München 1958. Siehe auch Roper, The Seven-Headed Monster: Luther and Psychology, in: Sally Alexander und Barbara Taylor (Hg.), History and Psyche: Culture, Psychoanalysis and the Past, London 2012.

78 Martin Brecht, Martin Luther, 3 Bände, Bd. 1: Sein Weg zur Reformation 1483-1521, Bd. 2: Ordnung und Abgrenzung der Reforma-

ben besseres Material zur Verfügung, als es bei fast jeder anderen Figur des 16. Jahrhunderts der Fall ist. Wir haben zwar nur autobiographische Fragmente, doch jede Menge Schriften, viele Bände Briefe und die *Tischreden*. Die Versuchung, die dieses Material für Biographen darstellte, zeigt sich selbst an der außergewöhnlichen Luther-Biographie von Lucien Febvre, die ein Jahrzehnt nach dem Ersten Weltkrieg veröffentlicht wurde und im Grunde genommen eine französische Abrechnung mit der deutschen Kultur ist. Febvre spottet über mögliche psychoanalytisch beeinflusste Biographen, die das Material verwenden werden, um eine bestärkende Illustration der Freudschen Theorie zur Libido und Verdrängung zu liefern: »Ein freudianischer Luther: Man ahnt schon im voraus, wie er aussehen wird, und falls ein unerschrockener Luther-Forscher uns dieses Bild tatsächlich vor Augen führt, verspürt man keinerlei Neugier, es genauer kennenzulernen. Könnte man nicht ebenso leicht einen lutherischen Freud konstruieren, also zeigen, daß der inzwischen berühmt gewordene Vater der Psychoanalyse selbst eines der dauerhaftesten Merkmale des deutschen Geistes repräsentiert, der sich in Luther mit solcher Macht verkörperte?«[79] Febvres sensible Analyse von Luthers Innenleben tut letztlich genau das, indem er die beiden gegeneinander ausspielt, um auf diese Weise zu einer Anatomie »des deutschen Geistes« zu ge-

tion 1521-1532, Bd. 3: Die Erhaltung der Kirche 1532-1546, Stuttgart 1981-1987; siehe z.B. Bd. 1, S. 18 f. Dies ist die maßgebliche moderne Biographie. Zu einer ausgezeichneten und psychologisch scharfsinnigen, kurzen neueren Studie siehe Kaufmann, Martin Luther; Ulinka Rublack, Reformation Europe, Cambridge 2005 (dt. Die Reformation in Europa, Frankfurt a. M. 2006) enthält einen originellen Ansatz zu Luther; und eine überzeugende neue Interpretation findet sich bei Leppin, Martin Luther.

79 Lucien Febvre, Martin Luther (1928), hg., übersetzt und mit einem Nachwort von Peter Schöttler, Frankfurt a. M. 1996, S. 46.

langen. Doch so klug wie Febvre hinsichtlich des Wesens von Luthers Spiritualität oft ist, bleibt sein Werk dennoch entstellt von seiner intensiven Hassliebe zur teutonischen Kultur. Sie ist das, was die Arbeit antreibt, aber seine Essentialisierung der Deutschen ist anachronistisch, als Nachwirkung des Ersten Weltkriegs symptomatisch für die gedankliche Fixiertheit französischer Intellektueller auf die deutsche »Barbarei«.

Die vielleicht brillanteste Ergründung des Analen bei Luther wurde 1959 von Norman O. Brown vorgelegt. So wie er es formuliert, »ist der Teufel praktisch erkannt als eine verschobene Materialisierung von Luthers eigener Analität, die gemeistert werden muss, indem sie wieder dahin versetzt wird, woher sie kam«.[80] Browns prägnante Interpretation tut genau das, was Febvre 35 Jahre früher spöttisch gefordert hatte: sie lutheranisiert Freud, indem sie argumentiert, Luther habe das psychoanalytische Verständnis der Rolle sublimierter Analität in der Struktur der Zivilisation vorweggenommen; und Brown behauptet weiter, Luthers Abneigung gegen den »schnöden Mammon« stimmte ihn feindselig gegenüber dem Kapitalismus.[81] So scharfsinnig diese Interpretation auch sein mag – Exkremente werden von Luther nie rein negativ oder als teuflischen Ursprungs betrachtet, kein Enkel eines Bauern könnte das. Als Teil von Gottes Schöpfung ist das Exkrement auch etwas Gutes, eine positive Substanz, die helfen kann, den Teufel zu vertreiben. (Während der Zeit, als sich Luther auf der Wartburg versteckte, beschrieb er ohne Scheu seine Erleichterung, als sich eine Stuhlverstopfung bei ihm löste, und ging bruchlos dazu über, andere Formen der Produktivität zu erörtern, die Manuskripte und

80 Norman O. Brown, Life against Death: The Psychoanalytical Meaning of History, 1959, Nachdruck Middletown 1985, S. 209.

81 Ebenda, S. 225 f., S. 228 f.

Schreibprojekte betrafen.)[82] Browns Sicht von Luthers Vorliebe für die Analrhetorik als Charakterzug, der einer Diagnose bedarf, ist in jedem Fall stark anachronistisch, denn sie berücksichtigt den allgegenwärtigen Gebrauch einer solchen Sprache in der deutschen Kultur des 16. Jahrhunderts nicht. Wir müssen davor auf der Hut sein, ein psychologisches Modell zu übernehmen, in dem das Anale automatisch als Anzeichen für eine Gestörtheit betrachtet wird. Erikson diagnostiziert Luthers anale Auflehnung gegen den Teufel als Teil eines Krankheitsbildes und er muss dazu sogar eine Krise der Sauberkeitserziehung erfinden, damit er eine Erklärung für Luthers Charakter aus seiner frühen Entwicklung herleiten kann. Von hier ist es nur ein kleiner Schritt zur Erfindung weiterer Traumata, wie den Anfall im Chor (eine Erfindung, die von Luthers katholischem Gegner Cochlaeus stammte, der sich dies ausdachte, um argumentieren zu können, dass Luther vom Teufel besessen sei) oder die Begegnung mit Gott im Abort, die, wie wir nun wissen, nicht in der Toilette stattfand, sondern im Toilettenturm des Mönchsklosters.[83]

82 So wechselt Luther von der Information an Spalatin, dass er alles erhalten habe, die Pillen gegen Verstopfung ebenso wie die Manuskripte, übergangslos zu der Mitteilung, er habe seinen Darm entleeren können; oder von der Besprechung seiner Verdauung zum Thema des Manuskripts der *Postille*, zu deren Veröffentlichung in Wittenberg er ebenfalls von Spalatin abhing. In einem weiteren Brief tadelt er Spalatin und andere dafür, seine Manuskripte noch nicht druckreif gemacht zu haben, und beklagt sich dann über seine Darmprobleme – seine Unfähigkeit zu publizieren entspreche seiner Unfähigkeit zu defäkieren. WA Br, Bd. 2, S. 364, Zeilen 3-8, 15. Juli 1521; S. 368 f., Zeilen 24-30, 31. Juli 1519; S. 377-379, Zeilen 4 f., 6. Aug. 1521; zur Freundschaft zwischen Luther und Spalatin siehe Lyndal Roper, »To his Most Learned and Fondest Friend«: Reading Luther's Letters, in: German History (2010), 28 (3), S. 283-295.

83 Vandiver, Keen und Franzel, Luther's Lives, S. 55; Brecht, Martin Luther, Bd. 1, S. 220; siehe zudem die jüngste archäologische Ausstel-

Kämen sie anders zum Einsatz, könnten uns die psychoanalytischen Einsichten sehr wohl befähigen, Luthers Persönlichkeit als Ganzes besser zu verstehen, und zu begreifen, wie sein persönliches Charisma mit seiner körperlichen Ausstrahlungskraft zusammenhing. Das ist sicherlich der Mühe wert, denn Luther gehört zu den wenigen Autoren, die ihre tiefsten Gefühle und theologischen Überzeugungen durch das Medium des Körpers ausdrücken konnten; und da es der Psychoanalyse um das Verhältnis zwischen dem Seelischen und dem Körperlichen sowie der Innenwelt und der Außenwelt geht – schließlich sind Exkremente das Erste, was wir als Produkt in die Welt setzen, die außerhalb unseres Körper existiert –, sollte sie eigentlich gut geeignet sein, uns dabei zu helfen, einen der größten Exponenten dieser Wechselbeziehung zu interpretieren.

Luthers Vergnügen an der Analrhetorik ist kein Charaktermangel. Es ist auch keine versteckte oder verdrängte Analität – er ist bemerkenswert wenig zugeknöpft, was Sex, den Teufel und Exkremente angeht, alles Themen, die in der europäischen Kultur später mit starken Tabus belegt wurden. Und so verlockend es auch sein mag, eine Charakterskizze zu Papier zu bringen, die seine Analität mit seinem moralischen Rigorismus, mit seiner autoritären Einstellung und seinem leidenschaftlichen Hassempfinden verbinden würde; es wäre nicht einmal die halbe Wahr-

lung in Halle über das Kloster und Luthers Räume; und Harald Meller (Hg.), Fundsache Luther: Archäologen auf den Spuren des Reformators, Stuttgart 2008. Siehe jedoch Oberman, Luther, S. 163-166, mit einem brillanten Kommentar zu Luthers Aussage im Vorwort seiner *Lateinischen Werke*, sein *Turmerlebnis* habe in der Kloake stattgefunden. Luthers Sprache verbindet seine Erkenntnis des Heils vorsätzlich mit dem Abort, wo sich der Teufel herumtreibt. Dabei handelt es sich nicht um eine krankhafte Obsession, sondern um eine rhetorische Strategie. Eine andere Auffassung findet sich hingegen bei Leppin, Martin Luther, S. 107-117.

heit.[84] Es gibt keinen wie immer gearteten Beleg dafür, dass er in der analen Phase stecken blieb und unfähig war, zur genitalen Stufe überzugehen; alles was wir wissen, zeugt von seinem glücklichen und erfüllten Eheleben. In seinem Fall wird eine ausgeprägte Tendenz, die Welt in gut und böse, Freund und Feind einzuteilen, aufgewogen von einem ebenso starken Impuls, integrativ zu wirken, und von seiner Fähigkeit, mit anderen zusammenzuarbeiten.[85] Tatsächlich war er ein weitaus umsichtigerer Politiker, als man es ihm oftmals zubilligt, und er war in der berauschenden ersten Zeit der evangelischen Bewegung in Wittenberg bezeichnenderweise vorsichtig genug abzuwarten, bis er die radikale Reform einführte, sodass er andere, den Kurfürsten inbegriffen, dabei mitnehmen konnte. Leidenschaftliche Idealisierungen Luthers – durch seine Freunde und auch von seiner Seite – spielten in der Dynamik der frühen Reformation sicherlich eine Rolle. Und obwohl er sich zu großem Hass hinreißen lassen konnte (insbesondere gegenüber denen, von denen er glaubte, sie würden die lutherische Botschaft verraten), war er in der Lage, die verschiedenen Temperamente und Positionen innerhalb seines Freundeskreises gut auszubalancieren, ließ beispielsweise Nikolaus von Amsdorf eine gröbere, energischere lutherische Position vertreten, als sie Melanchthons humanistische Theologie vertrat, während er mit beiden befreundet blieb.[86] Er bot eine religiöse Weltsicht an, die Seele und Körper nicht trennte, sondern eine robuste, ge-

84 Luthers Einstellung zur Sexualität kann ich hier nicht behandeln, sie wird das Thema eines künftigen Aufsatzes sein.

85 Zur Spaltung siehe Melanie Klein, Das Seelenleben des Kleinkindes und andere Beiträge zur Psychoanalyse, 9. Aufl., Stuttgart 2011; Klein, *Die Psychoanalyse des Kindes*, München 1973.

86 Zu seiner Freundschaft mit Amsdorf, siehe Robert Kolb, Nikolaus von Amsdorf (1483-1565): Popular Polemics in the Preservation of Luther's Legacy, Nieuwkoop 1978.

fürchtete und bisweilen schmutzige Körperlichkeit einbezog. Wir könnten in der Tat Browns Diktum umkehren, denn der Teufel ist alles andere als »eine verschobene Materialisierung von Luthers eigener Analität«. Luther ist vielmehr imstande, sowohl über den Teufel als auch über Exkremente Scherze zu machen, und er integriert seine Analität in seine Theologie, anstatt sie bloß auf andere zu projizieren.

Luthers Körperlichkeit war mit einigen seiner tiefgreifendsten theologischen Einsichten unauflöslich verbunden. Sie besaß zentralen Stellenwert für seine Ablehnung des Mönchstums und mönchischer Verabscheuung von Sexualität, von Essen und Trinken.[87] Sie war auch, könnte man annehmen, mit seiner Unnachgiebigkeit in der Frage der Realpräsenz Christi in der Eucharistie aufs Engste verbunden, was es ihm in Marburg unmöglich machte, mit Ulrich Zwingli einen Kompromiss zu finden und die gemeinsame Sache gegen die Katholiken zu verteidigen, wie vorteilhaft auch immer es für die Bewegung gewesen sein mochte.[88] Sein hartnäckiges Festhalten an der körperlichen Materialität der Eucharistie trennte ihn sowohl von den Katholiken als auch von den Zwinglianern: für die Katholiken erscheint das Brot als Brot, aber seine Essenz erfährt eine Wandlung in den Körper Christi; für die Zwinglianer bleibt das Brot ein Brot, symbolisiert jedoch den Körper Christi; für Luther war das Brot etwas Materielles und zugleich der Körper Christi. Als Zwingli und Luther über

87 Brecht ist besonders erhellend, was die Verbindung zwischen Luthers Erkrankungen, seinen Kreislaufproblemen, seiner Depression und seinen gegen das Mönchtum gerichteten Schriften betrifft. Siehe Brecht, Martin Luther, Bd. 2, S. 203-209.

88 Siehe die ausgezeichnete Erörterung in Kaufmann, Martin Luther, S. 111-113.

die Abendmahlslehre diskutierten, führte Zwingli bezeichnenderweise Johannes 6:63 an: »Das Fleisch ist nichts nütze.«[89] Luthers Standpunkt ist mit den Worten, die ihm für das Gespräch in Marburg zugeschrieben werden, gut überliefert:

> »Das Wort sagt, dass Christus einen Körper hat. Das glaube ich. Das Wort sagt, dass der Körper Christi in den Himmel aufgestiegen ist und zur Rechten des Vaters sitzt. Auch das glaube ich. Das Wort sagt, dass der selbe Körper im Abendmahl ist, und ich glaube das. Warum sollte ich diskutieren, ob er außerhalb eines Ortes oder an einem Ort ist? Das ist eine mathematische Diskussion, über der das Wort Gottes ist, der die Mathematik und alles geschaffen hat und uns gebietet, in dieser Sache zu glauben.«[90]

Selbst wenn menschliche Vernunft nicht verstehen kann, wie es möglich ist, dass Christus in Brot und Wein gegenwärtig sein kann, bleibe es wahr, argumentierte Luther, es sei eine theologische Wahrheit, die den Verstand übersteige. Es ist gewiss nicht zu weit hergeholt, dieses Festhalten an der Materialität der Eucharistie und an der Realpräsenz Christi mit Luthers generell positiver Einstellung zum Körperlichen zu verbinden.

89 Siehe Oberman, Luther, S. 250.

90 Diese Formulierung stammt aus einer der mindestens sieben Darstellungen des Colloquiums, den anonymen »Rhapsodie colloquii ad Marburgum«, vgl. dazu WA, Bd. 30 III, S. 157, Zeilen 22-28. »Verbum dicit Christum habere corpus – hoc credo; verbum dicit corpus Christi ascendisse in coelum, sedere ad dexteram patris – hoc quoque credo; verbum dicit hoc ipsum corpus esse in coena – et hoc credo. Sed quod disputem, an sit extra locum vel in loco, est mathematicae disputationis, supra quam est verbum Dei, qui creavit mathematicam et omnia et hoc iubet vos de illo credere.« *Das Marburger Religionsgespräch 1529*, hg. von Gerhard May, Gütersloh 1970.

In dem Kampf um Karneval und Fastenzeit, von dem man oft meint, er enthalte die konfessionelle Auseinandersetzung des 16. Jahrhunderts *in nuce*, wird der Protestantismus normalerweise mit der ausgemergelten Figur der Fastenzeit gleichgesetzt und der Katholizismus alten Stils mit dem kugelrunden Karneval.[91] Doch selbst wenn dies für den Calvinismus zutreffend wäre, könnte ein solcher Gegensatz im Hinblick auf das Luthertum nicht irreführender sein, denn im Zentrum der visuellen und literarischen Kultur des Luthertums stand der korpulente Körper des Reformators selbst. Luthers Körperlichkeit, seine Begierden, Krankheiten, Scherze, seine Vorliebe für gutes deutsches Bier, seine Sexualität und Verdauung und später das Voranschreiten seiner letzten Erkrankung und sein Tod gehörten schon sehr früh zu seinem Image. Das ging so weit, dass Bugenhagen bei seiner Begräbnispredigt für Luther (die sofort in Druck ging) bewusst in Erinnerung rief, wie Luthers Schwager noch auf seinem Totenbett gelacht und davon gesprochen hatte, er würde eines Abends einen Gegenbesuch bei Luther machen, wo er mit ihm eine gute Vesper verzehren und über viele fröhliche Dinge sprechen werde. Die Todesszene mit Luthers halluzinierendem Schwager, der nicht imstande war zu erkennen, wie krank er war, ist eine lange Abschweifung, die in Bugenhagens Predigt seltsam unangebracht wirkt, aber ihr Sinn ist offenkundig, dass Luther meinte, dies sei ein guter Tod. Es gab allerdings einen tieferen Grund, warum Bugenhagen die Geschichte erzählen wollte. Ohne Gelegenheit, in diesem Leben zusammenzukommen, könnten sie ihr Vorhaben nun im ewigen Leben ausführen. Die Vor-

91 Siehe z.B. Peter Burke, Helden, Schurken und Narren: Europäische Volkskultur in der frühen Neuzeit, Stuttgart 1981; und Edward Muir, Ritual in Early Modern Europe, Cambridge 1997, bes. S. 61-64, 140, 149-153.

stellung von Luther und dessen Schwager, die im Himmel essen und plaudern, nimmt die Idee der *Tischreden* vorweg (an deren Veröffentlichung zu dieser Zeit nicht einmal gedacht war) und erlaubt Bugenhagen, den Stellenwert des Essens, Redens und fleischlicher Freuden für Luthers Spiritualität auszudrücken.[92] Und es war genau das, was Luthers besessener Gegner Cochlaeus nicht ertragen konnte: Als er seinen eigenen Kommentar zu Luthers Begräbnis und über die Veröffentlichungen anlässlich seines Tods schreibt, spottet er über die ehrfürchtige Haltung seiner Anhänger gegenüber Luther beim Gebet: »Was für eine Heiligkeit oder was für ein Wunder ist denn dabei, dass er jeden Abend nach einem üppig angerichteten und reichlich genossenen Mahl mit einem vom Essen und Trinken aufgeblähten Bauch aus dem Fenster seines Hauses sah und eine Zeit lang betete?«; er lässt sich weiter darüber aus, wie Luther beim Abendessen »an seinem Platz lümmelte« – und dies »nicht nur beim Abendessen, sondern auch beim Mittagessen, einer Mahlzeit, der sich die meisten heiligen Väter und Mönche außer an Sonntagen und Feiertagen immer enthalten haben«.[93]

92 Johannes Bugenhagen, Eine Christliche Predigt/ vber der Leich vnd begrebnis/ des Ehrwirdigen D. Martini Luthers …, Wittenberg 1546, Faksimile-Ausgabe »Vom Christlichen abschied«, fol. C i (v): »Ich wil widder zu euch kommen/ auff den abend ein mal/ da wöllen wir zusamen gute Collation halten/ vnd ich wil denne von vielen frölichen sachen mit euch reden/ Zwar/ jtzt mögen sie beide solchs ausrichten im ewigen leben/ da sie beide hin gerheiset sind/ Inn diesem leben haben sie auff die weise nicht mögen zusamen komen.«

93 Vandiver, Keen und Franzel, Luther's Lives, S. 347f. »Quid uero sanctitatis aut miraculi hoc habet, quod omni uespere post coenam, opipare paratam & largiter acceptam, distento cibis & potu uentre, in habitaculo suo per fenestram prospiciens, aliquantulum orauit, interdum tam serio ac sedulo (sicut recitat historia) ut circumstantes, dum taciti adessent, quaedam eius uerba admirabundi perceperint: […] Amant primos recubitus in coenis. Non autem in coenis tantummodo, sed etiam in

Das zu Cochlaeus' beständiger Entrüstung völlig antimonastische Luthertum konnte für eine Haltung zum Körper eintreten, die nicht bestrebt war, die Körperlichkeit zu transzendieren, sondern sie in all ihren Aspekten anzunehmen. Es ist kein Zufall, dass die Entwicklung der Figur des rüpelhaften Grobians aus einem lutherischen Milieu kommen sollte oder dass es ein protestantischer Autor, nämlich Johann Fischart, war, der Rabelais in ein geschwollenes Epos übersetzte, das zweimal so lang war wie das Original.[94] Was wurde mit Luthers stämmiger Statur repräsentiert? In diesem umfänglichen Körper liegt etwas Beruhigendes, fast Väterliches, und tatsächlich nannte ihn Melanchthon, als er den Charakter des Mannes in seiner Grabrede zusammenfasste, einen »Vater«. Luthers Beleibtheit befähigte ihn, nicht nur ein volkstümlicher, sondern auch menschlicher Held zu sein, in einer Weise, wie es Melanchthon, als ewig blasser Akademiker, niemals vermocht hätte. Die kräftige Statur strahlte zudem Macht aus: die sächsischen Kurfürsten, die ihn schützten, waren politische Schwergewichte, deren Körpergröße ihre Macht widerspiegelte. Das war der Grund, warum die Darstellung

prandijs: a quibus plerique sanctorum patrum & Monachorum perpetuo, exceptis Dominicis & festis diebus, abstinuerunt.« (S. 316) Cochlaeus kommentiert zudem: »Am 17. Tag des Februar, nachdem er in Gesellschaft mit anderen sein Abendessen eingenommen hatte – bei dem reichlich gegessen wurde und das mit Scherzen heiter gestimmt ausgedehnt worden war –, in eben der Nacht starb er.« »Die xvii. Februarij peracta in publico cum alijs coena, eaque largiter sumpta, & facetijs hilariter extracta, eadem nocte interijt.« (S. 315) Commentaria Ioannis Cochlaei, de actis et scriptis Martini Lvtheri Saxonis … (1549), Faksimile Westmead, Farnborough 1968. Zu Cochlaeus siehe Backus, Life Writing in Reformation Europe; wie sie deutlich macht, ist der Text von Cochlaeus in vielen Hinsichten eine besser fundierte und informativere Biographie als die ihn zelebrierenden lutherischen Texte.

94 Roper, Saufen, Fressen, Huren.

des massigen Luther aus der Werkstatt Cranachs ein solcher Geniestreich war und sich als so dauerhaft erwies.[95]

Welche Darstellungsweise Künstler und Autoren für Luther wählten, war deshalb von Bedeutung, weil das Bild des Reformators ausschlaggebend dafür war, wie die Reformation verbreitet wurde und wie lutherische Identitäten gestiftet wurden. Lutherische Kirchen in ganz Sachsen und darüber hinaus wurden mit Porträts von Luther ausgestattet: in Weimar mit einem Triptychon (eines der wenigen, das auch Bilder des jungen Luther wieder aufgreift), welches ihn als Mönch, als Junker Jörg und als reifen Reformator zeigt; dieselbe Kirche außerdem mit einem Altarbild von Cranach dem Älteren, das einen wuchtigen Luther zeigt, der mit fest auf dem Boden aufruhenden Füßen unter Christus am Kreuz zu sehen ist. (Sein Freund Cranach, der neben ihm steht, wurde wahrscheinlich erst später eingefügt.)[96] In der Stadtkirche von Pirna schmückt Luther, der als einer der Evangelisten neben Melanchthon abgebildet ist, die bemalte Gewölbedecke; in Halle bildet eine bemalte Steinreliefbüste des reifen Refor-

95 Siehe auch Sergio Luzzato, The Body of Il Duce: Mussolini's Corpse and the Fortunes of Italy, New York 2005 (italien. Ausgabe 1998). Ich danke Jan Lambertz für diesen Hinweis.

96 Siehe z.B. das Porträt Luthers in der Marienbibliothek Halle aus dem Umkreis Cranachs, Mitte des 16. Jahrhunderts; Nikolaikirche Jüterbog, Ganzporträt Luthers und Melanchthons aus dem 17. Jh.; St. Georg Mansfeld, Ganzporträt Luthers von 1540 aus der Cranach-Schule. Zu einer Beschreibung des Triptychons siehe Koerner, The Reformation of the Image, S. 389, der dazu sagt, die Bilder gleichen »solchen, wie man sie auf früheren Altarbildern sieht, die Episoden aus dem Leben eines Heiligen zeigen«. Er weist aber auch darauf hin, dass der Knittelvers darunter, der sich auf Schlüsseldaten und Ereignisse in Luthers Leben bezieht, für eine Schule passender ist als für eine Kirche. Das würde meiner Ansicht nach die Sache tatsächlich genauer treffen, weil es sich mehr um belehrende Bilder als um Heiligkeit vermittelnde Bilder handelt.

mators, die auf den bekannten gedruckten Holzschnitten basiert, das Mittelstück der großartigen dekorativen Empore in manieristischem Stil, welche die gesamte Kirche durchmisst.[97] Mit selbstbewusstem Anachronismus wird die Gestalt Luthers in der nicht zeitgemäßen Kleidung des 16. Jahrhunderts in biblische Szenen eingebracht oder verwendet, um zentrale Wahrheiten der Lehre auszudrücken, so wenn Jesus vor der Kulisse des modernen Wittenberg von Johannes dem Täufer getauft wird oder wenn für den Nürnberger Holzschnitt eines ähnlichen Themas der Horizont der Stadt mit den Türmen von St. Sebald und St. Lorenz die Turmspitzen von Wittenberg ersetzt.[98] In solchen Bildern wirkt Luthers beleibte, leicht erkennbare Gestalt störend im Gemälde, ein unstimmiges Bildelement, das zu unserer modernen Ästhetik einheitlich komponierter Kunstwerke nicht passen will. Anstatt dem Gläubigen ein frommes Gebet zu entlocken, wie es das Bild eines Heiligen vielleicht tut, setzen diese Bilder das Abbild Luthers wie ein Abzeichen der konfessionellen Zugehörigkeit ein. Sie sind, um einen Ausdruck von Hanne Poulsen zu gebrauchen, mit dem sie Cranachs Luther-Porträts be-

97 Siehe Klaus Kaden u. a. (Hg.), Die Stadtkirche St. Marien zu Pirna, Pirna 2005. Zu diesem Zyklus siehe insbes. Margit Kern, Tugend versus Gnade: Protestantische Bildprogramme in Nürnberg, Pirna, Regensburg und Ulm, Berlin 2002. Luther gegenüber gibt es ein kleineres Medaillon, eine Abbildung von Jona und dem Wal, die den örtlichen Reformator Justus Jonas verkörpert. Die gesamte Kirche wurde in den 1540er Jahren nach einem lutherischen Programm umgebaut und ist ein ausgezeichnetes Beispiel für die neue lutherische Ästhetik. Ich danke Dr. Andreas Stahl vom Landesdenkmalamt, der mir diese Kirche zeigte. Siehe Sabine Kramer und Karsten Eisenmenger (Hg.), Die Marktkirche Unser Lieben Frauen zu Halle, Halle 2004. Zu anderen Beispielen dieser Art siehe John Dillenberger, Images and Relics: Theological Perceptions and Visual Images in Sixteenth-Century Europe, New York 1999.

98 Siehe Christensen, Princes and Propaganda, S. 102-110.

schreibt, »ikonisch«.[99] Und sie gehören zu einer Unmenge von Gegenständen sowohl außerhalb wie innerhalb der Kirchen – Medaillen, Glasplatten, Trinkgefäße, punzierte Ledereinbände, allesamt mit dem Bild Luthers versehen –, die das kulturelle Inventar des Luthertums ausmachten.[100]

Verschiedentlich wurde argumentiert, das Luthertum verdanke weit mehr, als es eigentlich zugeben möchte, älteren, katholischen Varianten der Religiosität, auch der Magie und sogar den Heiligenkulten.[101] Doch damit schreibt man einem einzigen Bild aus einer breit gefächerten Palette früher Bilder und einer Ikonographie des jungen Luther, die nach den 1520er Jahren keine Verwendung mehr fand, allzu viel Bedeutung zu. (Als die Illustratoren der von Rabus stammenden Biographie 1557 vor der Aufgabe standen,

99 Hanne Kolind Poulsen, Between Convention, Likeness and Iconicity: Cranach's Portraits and Luther's Thoughts on Images, in: Andreas Tacke (Hg.), Lucas Cranach, 1553/2003: Wittenberger Tagungsbeiträge anlässlich des 450. Todesjahres Lucas Cranachs des Älteren, Leipzig 2003, S. 205-216.

100 Siehe z.B. Joestel und Strehle, Luthers Bild und Lutherbilder; Joestel, Luthers Schatzkammer; und siehe Germanisches Nationalmuseum Nürnberg, Inv. Nr. Gb 206 (Lutherglas mit Futteral); Inv. Nr. T4230 (Ein Stück von Dr. Luthers Rock); Knape, Martin Luther und Eisleben, S. 92, zu einer Glasbemalung mit Luther und Melanchthon; zu einer Sammlung von Luther-Medaillen siehe die Kunstsammlung der Wartburg; und siehe Allmuth Schuttwolf, Gotteswort und Menschenbild: Werke von Cranach und seinen Zeitgenossen, 2 Teile, Gotha 1994, Teil 2, S. 29f. zu den frühen Medaillen. Eines der interessantesten unter den vielen Bildnissen Luthers befindet sich an dem von Katharina von Bora in Auftrag gegebenen Lutherportal an seinem Haus. Eine Seite des Portals weist an der Unterseite eine Reliefbüste Luthers auf, die andere Seite zeigt die Lutherrose.

101 Siehe R.W. Scribner, insbesondere: Magie und die Entstehung einer protestantischen Volkskultur, in: Scribner, Religion und Kultur in Deutschland, 1400-1800, hg. von Lyndal Roper, Göttingen 2002, S. 353-377; und: Reformation, Volksmagie und die »Entzauberung der Welt«, ebenda, S. 378-398; siehe auch Scribner, Luther Myth; Scribner, Incombustible Luther; und Scribner, For the Sake of Simple Folk, S. 14-36.

den jungen Luther vor Cajetan abzubilden, zeigten sie ihn bezeichnenderweise als untersetzt, obwohl er zu der Zeit noch schlank gewesen ist.)[102] Zudem übersieht man damit die echte visuelle Revolution, die das Luthertum herbeiführte, indem es das Verhältnis zwischen Fleisch und Geist neu beschrieb. Die Bilder ab den 1530er Jahren zeigten den reifen, gewichtigen Reformator als einen Menschen mit menschlichen Begierden, nicht als einen Heiligen mit einem göttlichen Funken. Für den Kunsthistoriker Joseph Koerner dokumentieren diese Bilder des reifen Luther die »Veralltäglichung des Charismas«, die in den Jahren des Kampfes zwischen den Philippisten und Gnesiolutheranern um Luthers Vermächtnis stattfand, doch sie waren keineswegs einfach Produkte der posthumen Konfessionskriege. Sie wurden seit den 1530er Jahren verbreitet und waren ganz entscheidend dafür, wie sich das Luthertum von Anfang an selbst darstellte.[103] Und obwohl sie sich auf ältere ikonographische Traditionen stützten, reduzierten sie Luther nicht auf einen Propheten, Gelehrten oder eine mythische Figur.[104] Denn er erscheint auf diesen Bildern weder als ein Archetypus noch als einer, der auf wundersame Weise in seine geistliche Rolle verwandelt ist, sondern als er selbst – der ausladende, sofort erkennbare Dr. Luther.

Luthers Persönlichkeit überragte von Anbeginn das, was einmal die lutherische Kirche werden sollte, die »Wit-

102 Rabus, Historien, fol. x. Luther hatte nach der Heidelberger Disputation etwas zugenommen, aber sein Hang zur Korpulenz entwickelte sich erst später; Oberman, Luther, S. 339.

103 Koerner, The Reformation of the Image, S. 388.

104 Zu diesen Formen der Darstellung siehe Scribner, Luther Myth, und Kasten, »Was ist Luther?« Das Motiv des Propheten war wahrscheinlich das erfolgreichste davon und es gab Sammlungen von Luthers »Prophezeiungen«, die den Ausgaben der *Tischreden* manchmal als Anhang beigegeben wurden. Mathesius verwendet das Modell Luthers als Prophet ebenfalls durchgängig.

tenbergische Kirche«, als deren »Bürger« sich Mathesius beschrieb, die irdische Institution, der er zu größter Treue verpflichtet sei.[105] Luthers Charisma hielt die Kirche zusammen und seine Beziehungen – seine Freundschaften und seine Feindschaften – trugen die Bewegung und gaben ihr die emotionale Dynamik. Konstitutiv für dieses persönliche Charisma war seine körperliche Ausstrahlungskraft; seine felsenfeste Massigkeit bestärkte und beruhigte. Luther ging mit seiner Beleibtheit, Analität und Sexualität in einem bemerkenswerten Grade zwanglos um – wer sonst könnte geschrieben haben: »Wiltu aber den leib darumb verwerffen, das er rotzet, eitert und unrein machet, so stich dir selb den Hals abe.«?[106] Diese Seite seiner Persönlichkeit zeigt sich im Redefluss der Äußerungen, die seine Studenten sorgfältig aufzeichneten, und wurde in den veröffentlichten *Tischreden* authentisch übermittelt, während seine Beleibtheit zum Bild des Reformators nach den 1530ern gehörte, als für die religiöse Darstellung in kürzester Zeit ein neuer visueller Stil geschaffen wurde.

Nach Luthers Tod begann zunächst mit Melanchthon, dann mit Rabus, Mathesius, Selnecker, Spangenberg und weiteren Autoren ein Prozess, in dem an seiner Biographie geschrieben wurde. Die biographischen Schriften dieser Verfasser vermittelten ebenfalls die starke Körperlichkeit Luthers und berichteten von seinen vielen Krankheiten, denen sie die religiöse Bedeutung von Prüfungen und Martyrien beilegten. Zugleich bildeten sie einen Teil der religiösen Kultur, in die sich die *Tischreden* so bruchlos einfügten – die Kultur des Buchdrucks und der literarischen Kultur, die auch den Grobian und den Faust hervorbrachte, die visuelle Kultur, die Luthers Werke (die *Tischreden*

105 Mathesius, Historien, Vorrede, fol. B iii r-v.
106 WA, Bd. 45, S. 648, Zeilen 21 f. (1538).

eingeschlossen) mit Bildern des »feisten Doktors« ausstattete, und die Bauten lutherischer Kirchen, die jeweils ein eigenes Bildnis des großen Reformators besaßen. Obgleich Luther aus seiner mönchischen Prägung die Überzeugung beibehalten konnte, dass Sex sündig sei, so wie alles menschliche Handeln sündig ist, hatte er dennoch eine bemerkenswert offene Einstellung dazu und zum Fleischlichen überhaupt. Seine Körperlichkeit stand mit den Kernpunkten seiner Theologie im Einklang. Zu dem, was Luther von vielen anderen christlichen Denkern unterscheidet, gehört seine ausnehmend positive Haltung gegenüber dem Körper in allen seinen Aspekten.

Danksagung

Die englische Version dieses Textes erschien 2010 im *American Historical Review*. Mein Dank gilt an erster Stelle Bernhard Jussen, der die Idee zu diesem kleinen Buch hatte. Karin Wördemann war eine hervorragende, mitdenkende Übersetzerin und Stefanie Mürbe eine ausgezeichnete Lektorin. Beim Verfassen dieses Artikels wurde mir von vielen geholfen. Ich möchte mich bei allen Zuhörern bedanken, die verschiedene Vorfassungen des Textes kennengelernt haben; bei den anonymen Gutachtern des *American Historical Review*; der Lutherhalle Wittenberg; Gadi Algazi, Charlotte Appel, Michael Drolet, Constance Furey, Laura Gowing, Bridget Heal, Jan Lambertz, Simone Laqua, Alison Light, Peter Macardle, Hans Medick, Daniel Pick, Ulinka Rublack, Hans-Jochen Seidel, Alex Shepard, Patricia Simons, Philip Soergel, Jenny Spinks, Andreas Stahl, Jutta Strehle, Willibald Steinmetz, Barbara Taylor, Claudia Ullbrich, Alex Walsham, Petra Wittig, Brigitte Wonneberg und Charles Zika; besonderen Dank schulde ich Ruth Harris, Thomas Kaufmann und Nicholas Stargardt.

Diese Veröffentlichung wurde durch Mittel des Gottfried Wilhelm Leibniz-Preises der DFG gefördert.

Bibliografische Information der Deutschen Nationalbibliothek
Die Deutsche Nationalbibliothek verzeichnet diese Publikation in der Deutschen Nationalbibliografie; detaillierte bibliografische Daten sind im Internet über http://dnb.d-nb.de abrufbar.

Zweite Auflage 2016

www.wallstein-verlag.de
Vom Verlag gesetzt aus der Stempel Garamond
Umschlaggestaltung: Susanne Gerhards, Düsseldorf
Lithographie: SchwabScantechnik GmbH, Göttingen
Druck und Verarbeitung: Friedrich Pustet, Regensburg
ISBN 978-3-8353-1158-9